GRöLS Verlage

„BÜCHER SIND WIE FALLSCHIRME. SIE NÜTZEN UNS NICHTS, WENN WIR SIE NICHT ÖFFNEN."

Gröls Verlag

Redaktionelle Hinweise und Impressum

Das vorliegende Werk wurde zugunsten der Authentizität sehr zurückhaltend bearbeitet. So wurden etwa ursprüngliche Rechtschreibfehler *nicht* systematisch behoben, denn kleine Unvollkommenheiten machen das Buch – wie im Übrigen den Menschen – erst authentisch. Mitunter wurden jedoch zum Beispiel Absätze behutsam neu getrennt, um den Lesefluss zu erleichtern.

Um die Texte zu rekonstruieren, werden antiquarische Bücher von Lesegeräten gescannt und dann durch eine Software lesbar gemacht. Der so entstandene Text wird von Menschen gegengelesen und korrigiert – hierbei treten auch Fehler auf. Wenn Sie ebenfalls antiquarische Texte einreichen möchten, finden Sie weitere Informationen auf www.groels.de

Viel Freude bei der Lektüre wünscht Ihnen das Team des Gröls-Verlags.

Adressen

Verleger: Sophia Gröls, Im Borngrund 26, 61440 Oberursel

Externer Dienstleister für Distribution & Herstellung: BoD, In de Tarpen 42, 22848 Norderstedt

Unsere „Edition | Werke der Weltliteratur" hat den Anspruch, eine der größten und vollständigsten Sammlungen klassischer Literatur in deutscher Sprache zu sein. Nach und nach versammeln wir hier nicht nur die „üblichen Verdächtigen" von Goethe bis Schiller, sondern auch Kleinode der vergangenen Jahrhunderte, die – zu Unrecht – drohen, in Vergessenheit zu geraten. Wir kultivieren und kuratieren damit einen der wertvollsten Bereiche der abendländischen Kultur. Kleine Auswahl:

Francis Bacon • Neues Organon • **Balzac** • Glanz und Elend der Kurtisanen • **Joachim H. Campe** • Robinson der Jüngere • **Dante Alighieri** • Die Göttliche Komödie • **Daniel Defoe** • Robinson Crusoe • **Charles Dickens** • Oliver Twist • **Denis Diderot** • Jacques der Fatalist • **Fjodor Dostojewski** • Schuld und Sühne • **Arthur Conan Doyle** • Der Hund von Baskerville • **Marie von Ebner-Eschenbach** • Das Gemeindekind • **Elisabeth von Österreich** • Das Poetische Tagebuch • **Friedrich Engels** • Die Lage der arbeitenden Klasse • **Ludwig Feuerbach** • Das Wesen des Christentums • **Johann G. Fichte** • Reden an die deutsche Nation • **Fitzgerald** • Zärtlich ist die Nacht • **Flaubert** • Madame Bovary • **Gorch Fock** • Seefahrt ist not! • **Theodor Fontane** • Effi Briest • **Robert Musil** • Über die Dummheit • **Edgar Wallace** • Der Frosch mit der Maske • **Jakob Wassermann** • Der Fall Maurizius • **Oscar Wilde** • Das Bildnis des Dorian Grey • **Émile Zola** • Germinal • **Stefan Zweig** • Schachnovelle • **Hugo von Hofmannsthal** • Der Tor und der Tod • **Anton Tschechow** • Ein Heiratsantrag • **Arthur Schnitzler** • Reigen • **Friedrich Schiller** • Kabale und Liebe • **Nicolo Machiavelli** • Der Fürst • **Gotthold E. Lessing** • Nathan der Weise • **Augustinus** • Die Bekenntnisse des heiligen Augustinus • **Marcus Aurelius** • Selbstbetrachtungen • **Charles Baudelaire** • Die Blumen des Bösen • **Harriett Stowe** • Onkel Toms Hütte • **Walter Benjamin** • Deutsche Menschen • **Hugo Bettauer** • Die Stadt ohne Juden • **Lewis Caroll** • *und viele mehr….*

Franz Grillparzer

Das goldene Vließ

Dramatisches Gedicht in drei Abteilungen

Der Gastfreund - Die Argonauten – Medea

Inhalt

Der Gastfreund

Trauerspiel in einem Aufzug

Personen:

Aietes, König von Kolchis
Medea, seine Tochter
Gora, Medeens Amme
Peritta, eine ihrer Jungfrauen
Phryxus
Jungfrauen Medeens
Griechen in Phryxus' Gefolge
Kolcher

Kolchis. Wilde Gegend mit Felsen und Bäumen, im Hintergrunde das Meer. Am Gestade desselben ein Altar, von unbehauenen Steinen zusammengefügt, auf dem die kolossale Bildsäule eines nackten, bärtigen Mannes steht, der in seiner Rechten eine Keule, um die Schultern ein Widderfell trägt. Links an den Szenen des Mittelgrundes der Eingang eines Hauses mit Stufen und rohen Säulen. Tagesanbruch.

Medea, **Gora**, **Peritta**, **Gefolge von Jungfrauen**.

Beim Aufziehen des Vorhanges steht Medea im Vorgrunde mit dem Bogen in der Hand in der Stellung einer, die eben den Pfeil abgeschossen. An den Stufen des Altars liegt ein, von einem Pfeile durchbohrtes Reh.

Jungfrauen *(die entfernt gestanden, zum Altare hineilend).*
Das Opfer blutet!

Medea *(in ihrer vorigen Stellung).*
Traf's?

Eine der Jungfrauen.
– Gerad' ins Herz!

Medea *(indem sie den Bogen abgibt).*
Das deutet Gutes; laßt uns eilen denn!
Geh' eine hin und spreche das Gebet.

Gora *(zum Altar tretend).*
Darimba, mächtige Göttin
Menschenerhalterin, Menschentöterin
Die den Wein du gibst und des Halmes Frucht
Gibst des Weidwerks herzerfreuende Spende
Und des Todfeinds Blut:
Darimba, reine, magdliche
Tochter des Himmels,
Höre mich!

Chor.
Darimba, mächtige Göttin,
Darimba! Darimba!

Gora.
Sieh ein Reh hab' ich dir getötet
Den Pfeil schnellend vom starken Bogen
Dein ist's! Laß dir gefallen sein Blut!
Segne das Feld und den beutereichen Wald
Gib, daß wir recht tun und siegen in der Schlacht
Gib, daß wir lieben den Wohlwollenden
Und hassen den, der uns haßt.
Mach' uns stark und reich, Darimba,
Mächtige Göttin!

Chor.
Darimba, Darimba!

Gora.
Das Opfer am Altar zuckt und endet,
So mögen deine Feinde enden, Darimba!
Deine Feinde und die unsern!
Es ist Medea, Aietes' Tochter,
Des Herrschers von Kolchis fürstliches Kind
Die empor in deine Wohnungen ruft

Höre mich, höre mich
Und erfülle was ich bat!

Chor *(mit Zimbeln und Handpauken zusammen schlagend).*
Darimba, Darimba!
Mächtige Göttin!
Eriho! Jehu!

Medea.
Und somit genug! Das Opfer ist gebracht,
Vollendet das zögernde Geschäft.
Nun Pfeil und Bogen her, die Hunde vor,
Daß von des Jagdlärms hallendem Getos
Der grüne Wald ertöne nah und fern!
Die Sonne steigt. Hinaus! hinaus!
Und die am schnellsten rennt und die am leichtsten springt
Sei Königin des Tags. –
Du hier Peritta? Sagt' ich dir nicht,
Daß du mich meiden sollst und gehn? So geh!

Peritta *(knieend).*
Medea!

Medea.
Kniee nicht! Du sollst nicht knien!
Hörst du? In deine Seele schäm' ich mich.
So feig, so zahm! – Mich schmerzt nicht dein Verlust,
Mich schmerzt, daß ich dich jetzt verachten muß
Und hab' dich einst geliebt!

Peritta.
O wüßtest du!

Medea.
Was denn? – Stahlst du dich neulich von der Jagd
Und gingst zum Hirten ins Tergener Tal?
Tatst du's? Sprich nein! Du Falsche, Undankbare!
Versprachst du nicht du wolltest mein sein, mein
Und keines Manns? Sag' an, versprachst du's?

Peritta.
Als ich's gelobte wußt' ich damals –

Medea.
Schweig!
Was braucht's zu wissen, als daß du's versprachst.
Ich bin Aietes' königliches Kind
Und was ich tu' ist recht weil ich's getan.
Und doch, du Falsche! hätt' ich dir versprochen
Die Hand hier abzuhaun von meinem Arm
Ich tät's; fürwahr ich tät's, weil ich's versprach.

Peritta.
Es riß mich hin, ich war besinnungslos,
Und nicht mit meinem Willen, nein –

Medea.
Ei hört!
Sie wollte nicht und tat's! – Geh du sprichst Unsinn.
Wie konnt' es denn geschehn
Wenn du nicht *wolltest*. Was ich tu' das will ich
Und was ich will – je nu das tu' ich manchmal *nicht*.
Geh hin in deines Hirten dumpfe Hütte
Dort kaure dich in Rauch und schmutz'gen Qualm
Und baue Kohl auf einer Spanne Grund.
Mein Garten ist die ungemeßne Erde
Des Himmels blaue Säulen sind mein Haus
Da will ich stehn des Berges freien Lüften
Entgegen tragend eine freie Brust
Und auf dich niedersehn und dich verachten.
Hallo! in Wald! Ihr Mädchen in den Wald!

Indem sie abgeben will kömmt von der andern Seite ein Kolcher.

Kolcher.
Du Königstochter, höre!

Medea.
Was? Wer ruft?

Kolcher.
Ein Schiff mit Fremden angelangt zur Stund'!

Medea.
Dem Vater sag' es an. Was kümmert's mich!

Kolcher.
Wo weilt er?

Medea.
Drin im Haus!

Kolcher.
Ich eile!

Medea.
Tu's!
(Der Bote ab ins Haus.)

Medea.
Daß diese Fremden uns die Jagdlust stören!
Ihr Schiff, es ankert wohl in jener Bucht,
Die sonst zum Sammelplatz uns dient der Jagd.
Allein was tut's! Bringt lange Speere her
Und nahet ein Kühner, zahl' er's mit Blut!
Nur Speere her! doch leise, leise, hört!
Denn säh's der Vater wehren möcht' er es.
Kommt! – Dort das Mal von Steinen aufgehäuft
Seht ihr's dort oben? Wer erreicht's zuerst?
Stellt euch! – Nichts da! Nicht vorgetreten! Weg!
Wer siegt hat auf der Jagd den ersten Schuß:
So, stellt euch und wenn ich das Zeichen gebe
Dann wie der Pfeil vom Bogen fort! Gebt Acht!
Acht! – Jetzt! –

Aietes *ist unterdessen aus dem Hause getreten, mit ihm der* **Bote**, *der gleich abgeht.*

Aietes.
Medea!

Medea *(sich umwendend aber ohne ihren Platz zu verändern).*
Vater!

Aietes.
Du, wohin?

Medea.
In Wald!

Aietes.
Bleib jetzt!

Medea.
Warum?

Aietes.
Ich will's. Du sollst.

Medea.
So fürchtest du, daß jene Fremden –

Aietes.
Weißt du also? –
(Näher tretend, mit gedämpfter Stimme.)
Angekommen Männer
Aus fernem Land
Bringen Gold, bringen Schätze,
Reiche Beute.

Medea.
Wem?

Aietes.
Uns, wenn wir wollen.

Medea.
Uns?

Aietes.

's sind Fremde, sind Feinde,
Kommen zu verwüsten unser Land.

Medea.
So geh hin und töte sie!

Aietes.
Zahlreich sind sie und stark bewehrt
Reich an List die fremden Männer,
Leicht töten sie *uns*.

Medea.
So laß sie ziehn!

Aietes.
Nimmermehr.
Sie sollen mir –

Medea.
Tu was du willst
Mich aber laß zur Jagd!

Aietes.
Bleib, sag' ich, bleibe

Medea.
Was soll ich?

Aietes.
Helfen! Raten!

Medea.
Ich?

Aietes.
Du bist klug, du bist stark.
Dich hat die Mutter gelehrt
Aus Kräutern, aus Steinen
Tränke bereiten,
Die den Willen binden
Und fesseln die Kraft.
Du rufst Geister
Und besprichst den Mond
Hilf mir, mein gutes Kind!

Medea.
Bin ich dein gutes Kind!
Sonst achtest du meiner wenig.
Wenn ich will, willst du *nicht*
Und schiltst mich und schlägst nach mir;
Aber wenn du mein bedarfst
Lockst du mich mit Schmeichelworten
Und nennst mich Medea, dein liebes Kind.

Aietes.
Vergiß Medea was sonst geschehn.
Bist doch auch nicht immer wie du solltest.
Jetzt steh mir bei und hilf mir.

Medea.
Wozu?

Aietes.
        So höre denn mein gutes Mädchen! –
Das Gold der Fremden all und ihre Schätze –
Gelt lächelst?

Medea.
        Ich?

Aietes.
                Ei ja, das viele Gold
Die bunten Steine und die reichen Kleider
Wie sollen die mein Mädchen zieren!

Medea.
Ei immerhin!

Aietes.
        Du schlaue Bübin, sieh,
Ich weiß dir lacht das Herz nach all der Zier!

Medea.
Kommt nur zur Sache, Vater!

Aietes.
Ich –
Heiß dort die Mädchen gehn!

Medea.
Warum?

Aietes.
Ich will's!

Medea.
Sie sollen ja mit mir zur Jagd.

Aietes.
Heut keine Jagd'

Medea.
Nicht?

Aietes.
Nein sag' ich und nein! und nein!

Medea.
Erst lobst du mich und –

Aietes.
Nun, sei gut, mein Kind!
Komm hierher! Weiter! hierher, so!
Du bist ein kluges Mädchen, dir kann ich trauen.
Ich – –

Medea.
Nun!

Aietes.
Was siehst du mir so starr ins Antlitz?

Medea.
Ich höre Vater!

Aietes.
O ich kenne dich!
Willst du den Vater meistern, Ungeratne?

I ch entscheide was gut, was nicht.
Du *gehorchst*. Aus meinen Augen Verhaßte!
(Medea geht.)
Bleib! – Wenn du wolltest, begreifen wolltest –
Ich weiß du kannst, allein du willst es nicht!
– So sei's denn, bleib aus deines Vaters Rat
Und diene, weil du dienen willst.
(Man hört in der Ferne kriegerische Musik.)

Aietes.
Was ist das? Weh sie kommen uns zuvor!
Siehst du Törin?
Die du schonen wolltest, sie töten uns!
In vollem Zug hierher die fremden Männer!
Weh uns! Waffen! Waffen!

*Der **Bote** kommt wieder.*

Bote.
Der Führer, Herr, der fremden Männer! –

Aietes.
Was will er? Meine Krone, mein Leben?
Noch hab' ich Mut, noch hab' ich Kraft
Noch wallt Blut in meinen Adern
Zu tauschen Tod um Tod!

Bote.
Er bittet um Gehör.

Aietes.
Bittet?

Bote.
Freundlich sich mit dir zu besprechen
Zu stiften friedlichen Vergleich.

Aietes.
Bittet? und hat die Macht in Händen,
Findet uns unbewehrt, er in Waffen,
Und bittet, der Tor!

Bote.
In dein Haus will er treten,
Sitzen an deinem Tische,
Essen von deinem Brot
Und dir vertrauen
Was ihn hierher geführt.

Aietes.
Er komme, er komme.
Hält er Friede nur zwei Stunden,
Später fürcht' ich ihn nicht mehr.
Sag' ihm, daß er nahe,
Aber ohne Schild ohne Speer,
Nur das Schwert an der Seite,
Er und seine Gesellen.
Dann aber geh und biet auf die Getreuen
Rings herum im ganzen Lande
Heiß sie sich stellen gewappnet, bewehrt
Mit Schild und Panzer mit Lanz' und Schwert
Und sich verbergen im nahen Gehölz
Bis ich winke, bis ich rufe. – Geh!
(Bote ab.)
Ich will dein lachen du schwacher Tor!
Du aber Medea, sei mir gewärtig!
Einen Trank, ich weiß es, bereitest du
Der mit sanfter, schmeichelnder Betäubung
Die Sinn' entbindet ihres Diener-Amts
Und ihren Herrn zum Sklaven macht des Schlafs.
Geh hin und hole mir von jenem Trank!

Medea.
Wozu?

Aietes.
Geh, sag' ich, hin und hol' ihn mir!
Dann komm zurück. Ich will sie zähmen diese Stolzen!
(Medea ab.)

Aietes *(gegen den Altar im Hintergrunde gewandt).*
Peronto, meiner Väter Gott!
Laß gelingen, was ich sinne
Und teilen will ich, treu und redlich
Was wir gewinnen von unsern Feinden.

Kriegerische Musik. ***Bewaffnete Griechen*** *ziehen auf, mit grünen Zweigen in der Hand. Der letzte geht* ***Phryxus****, in der linken Hand gleichfalls einen grünen Zweig, in der Rechten ein goldenes Widderfell, in Gestalt eines Panieres auf der Lanze tragend.* ***Bewaffnete Kolcher*** *treten von der andern Seite ein. Die Musik schweigt.*

Indem Phryxus an dem im Hintergrunde befindlichen Altar und der darauf stehenden Bildsäule vorbeigeht, bleibt er, wie von Erstaunen gefesselt stehn, dann spricht er:

Phryxus.
Kann ich den Augen traun? – Er ist's, er ist's!
Sei mir gegrüßt, du freundliche Gestalt,
Die mich durch Wogensturm und Unglücksnacht
Hierher geführt an diese ferne Küste,
Wo Sicherheit und einfach stille Ruh
Mit Kindesblicken mir entgegen lächeln.
Dies Zeichen, das du mir als Pfand der Rettung
In jener unheilvollen Stunde gabst
Und das, wie der Polarstern vor mir leuchtend,
Mich in den Hafen eingeführt des Glücks,
Ich pflanz' es dankbar auf vor deinem Altar
Und beuge betend dir ein frommes Knie,
Der du ein Gott mir warest in der Tat
Wenn gleich dem Namen nach, mir Fremden, nicht!
(Er knieet.)

Aietes *(im Vorgrunde).*
Was ist das?
Er beugt sein Knie dem Gott meiner Väter!
Denk' der Opfer, die ich dir gebracht,

Hör' ihn nicht Peronto,
Höre den Fremden nicht!

Phryxus *(aufstehend).*
Erfüllet ist des Dankens süße Pflicht.
Nun führt zu eurem König mich! Wo weilt er?

(Die Kolcher weichen schweigend und scheu zu beiden Seiten aus dem Wege.)

Phryxus *(erblickt den König, auf ihn zugehend).*
In dir grüß' ich den Herrn wohl dieses Landes?

Aietes.
Ich bin der Kolcher Fürst!

Phryxus.
Sei mir gegrüßt!
Es führte Göttermacht mich in dein Reich,
So ehr' in mir den Gott, der mich beschützt.
Der Mann, der dort auf jenem Altar thront,
ist er das Bildnis eines der da lebte?
Wie, oder ehrt ihr ihn als einen Himmlischen?

Aietes.
Es ist Peronto, der Kolcher Gott.

Phryxus.
Peronto! Rauher Laut dem Ohr des Fremden,
Wohltönend aber dem Geretteten.
Verehrst du jenen dort als deinen Schützer
So liegt ein Bruder jetzt in deinem Arm,
Denn *Brüder* sind ja Eines Vaters Söhne.

Aietes *(der Umarmung ausweichend).*
Schützer er dir?

Phryxus.
Ja, du sollst noch hören.
Doch laß mich bringen erst mein Weihgeschenk.
(Er geht zum Altar und stößt vor demselben sein Panier in den Boden.)

***Medea** kommt mit einem Becher.*

Medea *(laut).*
Hier Vater ist der Trank!

Aietes *(sie gewaltsam auf die Seite ziehend, leise).*
Schweig Törichte!
Siehst du denn nicht?

Medea.
Was?

Aietes.
Den Becher gib der Sklavin
Und schweig!

Medea.
Wer ist der Mann?

Aietes.
Der Fremden Führer, schweig!

Phryxus *(vom Altare zurückkommend).*
Jetzt tret' ich leicht erst in dein gastlich Haus!
Doch wer ist dieses blühend holde Wesen,
Das, wie der goldne Saum der Wetterwolke
Sich schmiegt an deine krieg'rische Gestalt?
Die roten Lippen und der Wange Licht
Sie scheinen Huld und Liebe zu verheißen,
Streng widersprochen von dem finstern Aug,
Das blitzend wie ein drohender Komet
Hervorstrahlt aus der Locken schwarzem Dunkel.
Halb Charis steht sie da und halb Mänade,
Entflammt von ihres Gottes heil'ger Glut.
Wer bist du, holdes Mädchen?

Aietes.
Sprich Medea!

Medea *(trocken).*
Medea bin ich, dieses Königs Kind!

Phryxus.
Fürwahr ein Kind und eine Königin!

Ich nehm' dich an als gute Vorbedeutung
Für eine Zukunft, die uns noch verhüllt.
O lächle Mädchenbild auf meinen Eintritt!
Vielleicht, wer weiß, ob nicht dein Vater,
Von dem ich Zuflucht nur und Schutz verlangt,
Mir einst noch mehr gibt, mehr noch, o Medea!

Aietes.
Was also, Fremdling, ist dein Begehr?

Phryxus.
So höre denn was mich hierher geführt,
Was ich verloren, Herr, und was ich suche.
Geboren bin ich in dem schönen Hellas,
Von Griechen, ich ein Grieche, reinen Bluts.
Es lebet niemand, der sich höhrer Abkunft,
Sich edlern Stammes rühmen kann als ich,
Denn Hellas' Götter nenn' ich meine Väter
Und meines Hauses Ahn regiert die Welt.

Medea *(sich abwendend).*
Ich gehe Vater um –

Aietes.
Bleib hier und schweig!

Phryxus.
Von Göttern also zieh' ich mein Geschlecht!
Allein mein Vater, alten Ruhms vergessend
Und jung-erzeugter Kinder Recht und Glück,
Erkor zur zweiten Eh' ein niedrig Weib,
Das, neidisch auf des ersten Bettes Sprossen
Und üb'rall Vorwurf sehend, weil sie selbst
Sich Vorwurf zu *verdienen* war bewußt,
Den Zorn des Vaters reizte gegen mich.
Die Zwietracht wuchs und Häscher sandt' er aus
Den Sohn zu fahn, vielleicht zu töten ihn.
Da ging ich aus der Väter Haus und floh
In fremden Land zu suchen heimisch Glück.

Umirrend kam ich in die Delpherstadt
Und trat, beim Gotte Rat und Hilfe suchend
In Phöbos' reiches, weitberühmtes Haus.
Da stand ich in des Tempels weiten Hallen,
Mit Bildern rings umstellt und Opfergaben,
Erglühend in der Abendsonne Strahl.
Vom Schauen matt und von des Weges Last
Schloß sich mein Aug und meine Glieder sanken;
Dem Zug erliegend schlummerte ich ein.
Da fand ich mich im Traum im selben Tempel
In dem ich schlief, doch wachend und allein
Und betend zu dem Gott um Rat. Urplötzlich
Umflammt mich heller Glanz und einen Mann
In nackter Kraft, die Keule in der Rechten,
Mit langem Bart und Haar, ein Widderfell
Um seine mächt'gen Schultern, stand vor mir
Und lächelte mit milder Huld mich an.
»Nimm Sieg und Rache hin!« sprach er, und löste
Das reiche Vließ von seinen Schultern ab
Und reichte mir's; da, schütternd, wacht' ich auf.
Und siehe! von dem Morgenstrahl beleuchtet
Stand eine Blende schimmernd vor mir da
Und drin aus Marmor künstlich ausgehaun
Derselbe Mann, der eben mir erschienen
Mit Haar und Bart und Fell, wie ich's gesehn.

Aietes *(auf die Bildsäule im Hintergrunde zeigend).*
Der dort?

Phryxus.
Ihm glich er wie ich mir.
So stand er da in Götterkraft und Würde,
Vergleichbar dem Herakles, doch nicht er.
Und an dem Fußgestell des Bildes war
Der Name *Kolchis* golden eingegraben.
Ich aber deutete des Gottes Rat;
Und nehmend was er rätselhaft mir bot
Löst' ich, ich war allein, den goldnen Schmuck

Vom Hals des Bildes, und in Eile fort.
Des Vaters Häscher fand ich vor den Toren
Sie wichen scheu des Gottes Goldpanier
Die Priester neigten sich, das Volk lag auf den Knieen
Und vor mir her es auf der Lanze tragend
Kam ich durch tausend Feinde bis ans Meer.
Ein schifft' ich mich und hoch als goldne Wimpel
Flog mir das Vließ am sturmumtobten Mast
Und wie die Wogen schäumten, Donner brüllten
Und Meer und Wind und Hölle sich verschworen
Mich zu versenken in das nasse Grab
Versehrt ward mir kein Haar und unverletzt
Kam ich hierher an diese Rettungsküste
Die vor mir noch kein griech'scher Fuß betrat.
Und jetzo geht an dich mein bittend Flehn
Nimm auf mich und die Meinen in dein Land,
Wo nicht so fass' ich selber Sitz und Stätte
Vertrauend auf der Götter Beistand, die
Mir *Sieg und Rache* durch dies Pfand verliehn!
– Du schweigst?

Aietes.
Was willst du, daß ich sage?

Phryxus.
Gewährst du mir ein Dach, ein gastlich Haus?

Aietes.
Tritt ein, wenn dir's gutdünkt, Vorrat ist
Von Speis' und Trank genug. Dort nimm und iß!

Phryxus.
So rauh übst du des Wirtes gastlich Amt?

Aietes.
Wie du dich gibst so nehm' ich dich.
Wer in des Krieges Kleidung Gabe heischt
Erwarte nicht sie aus des Friedens Hand.

Phryxus.
Den Schild hab' ich, die Lanze abgelegt.

Aietes.
Das Schwert ist, denkst du gegen uns genug?
Doch halt' es wie du willst. *(Leise zu Medea.)* Begehr' sein Schwert!

Phryxus.
Noch eins! An reichem Schmuck und köstlichen Gefäßen
Bring' ich so manches, was ich sichern möchte.
Du nimmst es doch in deines Hauses Hut?

Aietes.
Tu, wie du willst! *(Zu Medea.)* Sein Schwert sag' ich begehr'!

Phryxus.
Nun denn, Gefährten, was wir hergebracht
Gerettet aus des Glückes grausem Schiffbruch,
Bringt es hierher in dieser Mauern Umfang
Als Grundstein eines neuen, festern Glücks.

Aietes *(zu Medea).*
Des Fremden Schwert!

Medea.
Wozu?

Aietes.
Sein Schwert sag' ich!

Medea *(zu Phryxus).*
Gib mir dein Schwert!

Phryxus.
Was sagst du holdes Kind?

Aietes.
Fremd ist dem Mädchen eurer Waffen Anblick
Bei uns geht nicht der Friedliche bewehrt.
Auch ist's euch lästig.

Phryxus *(zu Medeen).*
Sorgest du um mich?

(Medea wendet sich ab.)
Sei mir nicht bös! Ich weigr' es dir ja nicht!
(Er gibt ihr das Schwert.)
Den Himmlischen vertrau' ich mich und dir!
Wo du bist da ist Frieden. Hier mein Schwert!
Und jetzo in dein Haus, mein edler Wirt!

Aietes.
Geht nur, ich folg' euch bald!

Phryxus.
Und du Medea?
Laß mich auch dich am frohen Tische sehn!
Kommt Freunde teilt die Lust wie ehmals die Gefahr!
(Ab mit seinen Gefährten.)

(Medea setzt sich auf eine Felsenbank im Vorgrunde und beschäftigt sich mit ihrem Bogen, den sie von der Erde aufgehoben hat. Aietes steht auf der andern Seite des Vorgrundes und verfolgt mit den Augen die Diener des Phryxus, die Gold und reiche Gefäße ins Haus tragen. – Lange Pause.)

Aietes.
Medea!

Medea.
Vater!

Aietes.
Was denkst du?

Medea.
Ich? Nichts!

Aietes.
Vom Fremden mein' ich,

Medea.
Er spricht und spricht;
Mir widert's!

Aietes *(rasch auf sie zugehend).*
Nicht wahr? Spricht und gleißt
Und ist ein Bösewicht,
Ein Gottverächter, ein Tempelräuber!
Ich töt' ihn!

Medea.
Vater!

Aietes.
Ich tu's!
Soll er davon tragen all den Reichtum
Den er geraubt, dem Himmel geraubt?
Erzählt' er nicht selbst, wie er im Tempel
Das Vließ gelöst von der Schulter des Gottes,
Des Donnerers, Perontos,
Der Kolchis beschützt.
Ich will dir ihn schlachten Peronto!
Rache sei dir, Rache!

Medea.
Töten willst du, den Fremden, den Gast?

Aietes.
Gast?
Hab' ich ihn geladen in mein Haus?
Ihm beim Eintritt Brot und Salz gereicht
Und geheißen sitzen auf meinem Stuhl?
Ich hab' ihm nicht Gastrecht geboten,
Er nahm sich's, büß' er's der Tor!

Medea.
Vater! Peronto rächet den Mord!

Aietes.
Peronto *gebeut* ihn.
Hat der Freche nicht an ihm gefrevelt?
Sein Bild beraubt in der Delpherstadt?
Führt der Erzürnte ihn nicht selbst her
Daß ich ihn strafe, daß ich räche

Des Gottes Schmach und meine?
Das Vließ dort am glänzenden Speer,
Des Gottes Kleid, der Kolcher Heiligtum
Soll's ein Fremder, ein Frevler entweihn?
Mein ist's, mein! Mir sendet's der Gott
Und *Sieg und Rache* geknüpft an dies Pfand
Den Unsern werd' es zu Teil!
Tragt nur zu des kostbaren Guts!
Ihr führet die Ernte mir ein!
Sprich nicht und komm! daß er uns nicht vermißt
Gefahrlos sei die Rach' und ganz!
Komm, sag' ich, komm!
(Beide ab ins Haus.)

*Ein **Kolchischer Hauptmann** mit **Bewaffneten** tritt auf.*

Hauptmann.
Hierher beschied man uns. Was sollen wir?

Ein Kolcher *(aus dem Hause).*
Heda!

Hauptmann.
Hier sind wir!

Kolcher.
Leise!

Hauptmann.
Sprich! Was soll's?

Kolcher.
Verteilt euch rechts und links und wenn ein Fremder –
Doch still jetzt! Einer naht! – Kommt! hört das Weitre!
(Alle ab.)

Phryxus *(mit ängstlichen Schritten aus dem Hause).*
Ihr Götter! Was ist das? Ich ahne Schreckliches.
Es murmeln die Barbaren unter sich
Und schaun mit höhn'schen Lächeln hin auf uns.
Man geht, man kommt, man winkt, man lauert.

Und die Gefährten, einer nach dem andern
Sinkt hin in dumpfen Schlaf; ob Müdigkeit,
Ob irgend ein verruchter Schlummertrank
Sie einlullt weiß ich nicht. Gerechte Götter!
Habt ihr mich hergeführt, mich zu verderben?
Nur eines bleibt mir noch: Flucht auf mein Schiff.
Dort samml' ich die Zurückgebliebenen,
Und dann zur Rettung her, zur Hilfe – Horch!
(Schwertgeklirr und dumpfe Stimmen im Hause.)
Man ficht! – Man tötet! – Weh mir, weh! – zu spät!
Nun bleibt nur Flucht. Schnell eh die Mörder nahn!
(Er will gehn.)

Krieger *(mit gefällten Spießen treten ihm entgegen).*
Zurück!

Phryxus.
Ich bin verraten! – Hier!

(Von allen Seiten treten Bewaffnete mit gesenkten Speeren ihm entgegen.)

Gewaffnete.
Zurück!

Phryxus.
Umsonst! Es ist vorbei! – Ich folg' euch Freunde!
(An den Altar hineilend.)
Nun denn, du Hoher, der mich hergeführt,
Bist du ein Gott, so schirme deinen Schützling!

***Aietes** mit bloßem Schwert aus dem Hause. **Medea** hinter ihm. **Gefolge**.*

Aietes.
Wo ist er?

Medea.
Vater, höre!

Aietes.
Wo, der Fremdling?
Dort am Altar. Was suchst du dort?

Phryxus.
Schutz such' ich!

Aietes.
Gegen wen? Komm mit ins Haus!

Phryxus.
Hier steh' ich und umklammre diesen Altar,
Den Göttern trau' ich; o daß ich es dir!

Medea.
O Vater höre mich!

Phryxus.
Du auch hier Schlange?
Warst du so schön und locktest du so lieblich
Mich zu verderben hier im Todesnetz?
Mein Herz schlug dir vertrauensvoll entgegen,
Mein Schwert, den letzten Schutz gab ich in deine Hand
Und du verrätst mich?

Medea.
Nicht verriet ich dich!
Gabst du dein Schwert mir, nimm ein andres hier
Und wehre dich des Lebens.
(Sie hat einem der Umstehenden das Schwert entrissen und reicht es ihm.)

Aietes *(ihr das Schwert entreißend).*
Törichte!
Vom Altar fort!

Phryxus.
Ich bleibe!

Aietes.
Reißt ihn weg!

Phryxus *(da einige auf ihn losgehen).*
Nun denn, so muß ich sterben? – Ha, es sei!
Doch ungerochen, klaglos fall' ich nicht.
(Er reißt das Panier mit dem goldenen Vließ aus der Erde und tritt damit in den Vorgrund.)

Du unbekannte Macht, die her mich führend,
Dies Pfand der Rettung huldvoll einst mir gab
Und *Sieg und Rache* mir dabei verhieß;
Zu dir ruf' ich empor nun! Höre mich!
Hab' ich den *Sieg* durch eigne Schuld verwirkt,
Das Haupt darbietend dem Verräternetz
Und blind dem Schicksal trauend statt mir selber
So laß doch *Rache* wenigstens ergehn
Und halte deines Wortes zweite Hälfte!

Aietes.
Was zauderst du?

Phryxus.
Aietes!

Aietes.
Nun was noch?

Phryxus.
Ich bin dein Gast und du verrätst mich?

Aietes.
Mein Gast? Mein Feind.
Was suchtest du, Fremder, in meinem Land? Tempelräuber!
Hab' ich dir Gastrecht gelobt? dich geladen in mein Haus?
Nichts versprach ich, Törichter!
Verderbt durch eigne Schuld!

Phryxus.
Damit beschönst du deine Freveltat?
O triumphiere nicht! Tritt her zu mir!

Aietes.
Was soll's?

Phryxus.
Sieh dieses Banner hier, mein letztes Gut
Die Schätze alle hast du mir geraubt
Dies eine fehlt noch.

Aietes *(darnach greifend).*
Fehlt? Wie lange noch?

Phryxus.
Zurück! Betracht's, es ist mein letztes Gut
Und von ihm scheidend scheid' ich von dem Leben.
Begehrst du's?

Aietes.
Ja!

Phryxus.
Begehrst du's?

Aietes *(die Hand ausstreckend).*
Gib mir es!

Phryxus.
Nimm's hin des Gastes Gut du edler Wirt
Sieh ich vertrau' dir's an, bewahre mir's
(Mit erhöhter Stimme.)
Und gibst du's nicht zurücke, unbeschädigt
Nicht mir dem Unbeschädigten zurück
So treffe dich der Götter Donnerfluch
Der über dem rollt, der die Treue bricht.
Nun ist mir leicht! Nun Rache, Rache, Rache!
Er hat mein Gut. Verwahre mir's getreu!

Aietes.
Nimm es zurück!

Phryxus.
Nein! Nicht um deine Krone!
Du hast mein Gut, dir hab' ich's anvertraut
Bewahre treu das anvertraute Gut!

Aietes *(ihm das Vließ aufdrängend).*
Nimm es zurück!

Phryxus *(ihm ausweichend).*
Du hast mein Gut, verwahr' es treu!
Sonst Rache, Rache, Rache!

Aietes *(ihn über die Bühne verfolgend und ihm das Banner aufdringend).*
Nimm es, sag' ich!

Phryxus *(ausweichend).*

Ich nehm' es nicht. Verwahre mir's getreu!
(Zur Bildsäule des Gottes empor.)
Siehst du? er hat's, ihm hab' ich's anvertraut
Und gibt er's nicht zurück, treff' ihn dein Zorn!

Aietes.
Nimm es zurück!

Phryxus *(am Altar).*
Nein, nein!

Aietes.
Nimm's!

Phryxus.
Du verwahrst's!

Aietes.
Nimms!

Phryxus.
Nein!

Aietes.
Nun so nimm dies!
(Er stößt ihm das Schwert in die Brust.)

Medea.
Halt Vater halt!

Phryxus *(niedersinkend).*
Es ist zu spät!

Medea.
Was tatst du?

Phryxus *(zur Bildsäule empor).*
Siehst du's, siehst du's!
Den Gastfreund tötet er und hat sein Gut!

Der du des Gastfreunds heilig Haupt beschützest
O räche mich! Fluch dem treulosen Mann!
Ihm muß kein Freund sein und kein Kind, kein Bruder
Kein frohes Mahl – kein Labetrunk –
Was er am liebsten liebt – verderb' ihn! –
Und dieses Vließ, das jetzt in seiner Hand
Soll niederschaun auf seiner Kinder Tod! –
Er hat den Mann erschlagen, der sein Gast –
Und vorenthält – das anvertraute Gut –
Rache! – Rache! –
(Stirbt. Lange Pause.)

Medea.
Vater!

Aietes *(zusammenschreckend).*
Was?

Medea.
Was hast du getan!

Aietes *(dem Toten das Vließ aufdringen wollend).*
Nimm es zurück!

Medea.
Er nimmt's nicht mehr. Er ist tot!

Aietes.
Tot! –

Medea.
Vater! Was hast du getan! Den Gastfreund erschlagen
Weh dir! Weh uns allen! – Hah! –
Aufsteigt's aus den Nebeln der Unterwelt
Drei Häupter, blut'ge Häupter
Schlangen die Haare,
Flammen die Blicke
Die hohnlachenden Blicke!
Höher! höher! – Empor steigen sie!
Entfleischte Arme, Fackeln in Händen
Fackeln! – Dolche!

Horch! Sie öffnen die welken Lippen
Sie murren, sie singen
Heischern Gesangs:
Wir hüten den Eid
Wir vollstrecken den Fluch!
Fluch dem, der den Gastfreund schlug!
Fluch ihm, tausendfachen Fluch!
Sie kommen, sie nahen
Sie umschlingen mich,
Mich, dich, uns alle!
Weh über dich!

Aietes.
Medea!

Medea.
Über dich, über uns!
Weh, weh!
(Sie entflieht.)

Aietes *(ihr die Arme nachstreckend).*
Medea! Medea!

Ende.

Die Argonauten

Trauerspiel in vier Aufzügen

Personen:

Aietes, König von Kolchis

Medea und **Absyrtus**, seine Kinder

Gora, Medeens Amme

Peritta, eine ihrer Gespielen

Jason

Milo, sein Freund

Medeens Jungfrauen

Argonauten

Kolcher

Erster Aufzug

Kolchis. – Wilde Gegend mit Felsen und Bäumen. Im Hintergrunde ein halbverfallener Turm, aus dessen obersten Stockwerke ein schwaches Licht flimmert. Weiter zurück die Aussicht aufs Meer. Finstere Nacht.

Absyrtus *(hinter der Szene).*
Dorther schimmert das Licht! – Komm hierher Vater! –
Ich bahne dir den Weg! – Noch diesen Stein! –
So! –
(Auftretend und mit dem Schwert nach allen Seiten ins Gebüsch hauend.)
Aus dem Wege unnützes Pack!
Vater, mein Schwert macht klare Bahn!

Aietes *tritt auf, den Helm auf dem Kopfe, ganz in einen dunkeln Mantel gehüllt.*

Absyrtus.
Wir sind an Ort und Stelle, Vater.
Dort der Turm, wo die Schwester haust.
Siehst das Licht aus ihrer Zelle?
Da weilt sie und sinnt Zaubersprüche
Und braut Tränke den langen Tag,
Des Nachts aber geht sie gespenstisch hervor
Und wandelt umher und klagt und weint.
(Aietes macht eine unwillige Bewegung.)

Absyrtus.
Ja Vater und weint, so erzählt der Hirt
Vom Tal da unten, und ringt die Hände
Daß es, spricht er, kläglich sei anzusehn!
Was mag sie wohl treiben und sinnen, Vater?
(Aietes geht gedankenvoll auf und nieder.)

Absyrtus.
Du antwortest nicht? – Was hast du Vater?
Trüb und düster ist dein Gemüt.
Du hast doch nicht Furcht vor den Fremden, Vater?

Aietes.
Furcht Bube?

Absyrtus.
Nu, *Sorge* denn, Vater!
Aber habe nicht Furcht noch Sorge!
Sind uns nicht Waffen und Kraft und Arme?
Ist nicht ein Häuflein nur der Fremden?
Wären ihrer doch zehnmal mehr!
Laß sie nur kommen, wir wollen sie jagen
Eilends heim in ihr dunkles Land
Wo keine Wälder sind und keine Berge,
Wo kein Mond strahlt, keine *Sonne* leuchtet
Die täglich, hat sie sich müde gewandelt,
Zur Ruhe geht in unserem Meer.
Laß sie nur kommen, ich will sie empfangen,
Du hast nicht umsonst mich wehrhaft gemacht,

Nicht umsonst mir gegeben dies blitzende Schwert,
Und den Speer und den Helm mit dem wogenden Busch,
Waffen d u , und Mut die *Götter*!
Laß die Schwester mit ihren Künsten,
Schwert gegen Schwert, so binden wir an!

Aietes.
Armer Wurm!

Absyrtus.
Ich bin dein Sohn!
Damals als du den Phryxus schlugst –

Aietes.
Schweig!

Absyrtus.
Das ist ja eben warum sie kommen
Her nach Kolchis, die fremden Männer
Zu rächen, wähnen sie, seinen Tod
Und zu stehlen unser Gut, das strahlende Vließ.

Aietes.
Schweig Bube!

Absyrtus.
Was bangst du Vater?
Fest verwahrt in der Höhle Hut
Liegt es das köstliche, goldene Gut.

Aietes *(den Mantel vom Gesicht reißend und ans Schwert greifend)*.
Soll ich dich töten, schwatzender Tor?

Absyrtus.
Was ist dir?

Aietes.
Schweig! – Dort sieh zum Busch!

Absyrtus.
Warum?

Aietes.

Mir deucht es raschelt dort
Und regt sich. – Man behorcht uns.

Absyrtus *(zum Gebüsch hingehend und an die Bäume schlagend).*
He da! – Steht Rede! – – Es regt sich Niemand!
(Aietes wirft sich auf ein Felsenstück im Vorgrunde.)

Absyrtus *(zurückkommend).*
Es ist nichts, Vater! Niemand lauscht.

Aietes *(aufspringend und ihn hart anfassend).*
Ich sage dir, wenn du dein Leben liebst
Sprich nicht davon!

Absyrtus.
Wovon?

Aietes.

Ich sage dir, begrab's in deiner Brust
Es ist kein Knabenspielzeug, Knab'!

Doch alles still hier! Niemand empfängt mich;
Recht wie es ziemt der Widerspenst'gen Sitz.

Absyrtus.
Hoch oben am Turme flackert ein Licht.
Dort sitzt sie wohl und sinnt und tichtet.

Aietes.
Ruf ihr! Sie soll heraus!

Absyrtus.

Gut Vater!
(Er geht dem Turme zu).
Komm herab du Wandlerin der Nacht
Du Spät-Wachende bei der einsamen Lampe!
Absyrtus ruft, deines Vaters Sohn!
(Pause.)
Sie kommt nicht, Vater!

Aietes.
Sie soll! Ruf lauter!

Absyrtus *(ans Tor schlagend).*
Holla ho! Hier der König! Heraus ihr!

Medeas Stimme *(im Turm).*
Weh!

Absyrtus.
Vater!

Aietes.
Was?

Absyrtus *(zurückkommend).*
Hast du gehört?
Weh rief's im Turm! War's die Schwester die rief?

Aietes.
Wer sonst! Geh, deine Torheit steckt an.
Ich will rufen und sie soll gehorchen!
(Zum Turme gehend.)
Medea!

Medea *(im Turm).*
Wer ruft?

Aietes.
Dein Vater ruft und dein König!
Komm herab!

Medea.
Was soll ich?

Aietes.
Komm herab, sag' ich!

Medea.
O laß mich!

Aietes.
Zögre nicht! Du reizest meinen Zorn!
Im Augenblicke komm!

Medea.
Ich komme!
(Aietes verhüllt sich und wirft sich wieder auf den Felsensitz.)

Absyrtus.
Wie kläglich, Vater, ist der Schwester Stimme.
Was mag ihr fehlen? Sie dauert mich! –
Dich wohl auch, weil du so schmerzlich schweigst,
Das arme Mädchen! – *(Ihn anfassend.)* Schläfst du, Vater?

Aietes *(aufspringend).*
Törichte Kinder sind der Väter Fluch!
Du und sie, i h r tötet mich,
Nicht meine Feinde!

Absyrtus.
Still! Horch! – Der Riegel klirrt! – Sie kommt! – Hier ist sie!

> ***Medea*** *in dunkelroter Kleidung, am Saume mit goldenen Zeichen gestickt, einen schwarzen, nachschleppenden Schleier der an einem, gleichfalls mit Zeichen gestickten Stirnbande befestigt ist, auf dem Kopfe, tritt, eine Fackel in der Hand, aus dem Turme.*

Medea.
Was willst du, Herr?

Absyrtus.
Ist das die Schwester, Vater?
Wie anders doch als sonst, und ach, wie bleich!

Aietes *(zu Absyrtus).*
Schweig jetzt! *(Zu Medeen.)* Tritt näher! – näher! –
Doch erst Lösch' deine Fackel, sie blendet mir das Aug!

Medea *(die Fackel am Boden ausdrückend).*
Das Licht ist verlöscht, es ist Nacht, o Herr!

Aietes.
Jetzt komm! – Doch erst sag' an wer dir erlaubt,
Zu fliehn, des väterlichen Hauses Hut
Und hier, in der Gesellschaft nur der Wildnis
Und deines wilden Sinns, Gehorsam weigernd,
Zu trotzen meinem Worte, meinem Wink?

Medea.
Du fragst?

Aietes.
Ich frage!

Medea.
Reden soll ich?

Aietes.
Sprich!

Medea.
So höre wenn du kannst und zürne wenn du darfst.
O könnt' ich schweigen, ewig schweigen!
Verhaßt ist mir dein Haus
Mit Schauder erfüllt mich deine Nähe.
Als du den Fremden erschlugst,
Den Götterbeschützten, den Gastfreund
Und raubtest sein Gut,
Da trugst du einen Funken in dein Haus,
Der glimmt und glimmt und nicht verlöschen wird,
Gössest du auch darüber aus
Was an Wasser die heil'ge Quelle hat,
Der Ströme und Flüsse unnennbare Zahl
Und das ohne Grenzen gewaltige Meer.
Ein törichter Schütze ist der Mord,
Schießt seinen Pfeil ab ins dunkle Dickicht,
Gewinnsüchtig, beutegierig,
Und was er für ein Wild gehalten,
Für frohen Jagdgewinn,
Es war sein Kind, sein eigen Blut,

Was in den Blättern rauschte, Beeren suchend.
Unglücksel'ger was hast du getan?
Feuer geht aus von dir
Und ergreift die Stützen deines Hauses
Das krachend einbricht
Und uns begräbt. –

Aietes.
Unglücksbotin was weißt du?

Medea.
In der Schreckensstunde
Als sie geschehn war die Tat,
Da ward mein Aug geöffnet
Und ich sah sie, sah die Unnennbaren
Geister der Rache.
Spinnenähnlich,
Gräßlich, scheußlich,
Krochen sie her in abscheulicher Unform
Und zogen Fäden, blinkende Fäden,
Einfach, doppelt, tausendfach,
Rings um ihr verfallen Gebiet.
Du wähnst dich frei und du bist gefangen,
Kein Mensch, kein Gott löset die Bande
Mit denen die Untat sich selber umstrickt.
Weh dir, weh uns allen!

Aietes.
Verkaufst du mir Träume für Wirklichkeit?
Deines Gleichen magst du erschrecken,
Törin! Nicht mich!
Hast du die Zeichen, die Sterne gefragt?

Medea.
Glaubst du ich könnt's, ich vermöcht' es?
Hundertmal hab' ich aufgeblickt
Zu den glänzenden Zeichen
Am Firmament der Nacht.
Und alle hundertmale

Sanken meine Blicke
Von Schreck getroffen, unbelehrt.
Es schien der Himmel mir ein aufgerolltes Buch
Und *Mord* darauf geschrieben, tausendfach,
Und *Rache* mit demantnen Lettern
Auf seinen schwarzen Grund.
O frage nicht die Sterne dort am Himmel,
Die Zeichen nicht der schweigenden Natur,
Des Gottes Stimme nicht im Tempel:
Betracht' im Bach die irren Wandelsterne,
Die scheu dir blinken aus den düstern Brau'n
Die Zeichen die die Tat dir selber aufgedrückt,
Des Gottes Stimme in dem eignen Busen,
Sie werden dir Orakel geben,
Viel sicherer als meine arme Kunst,
Aus dem was ist und war, auf das was werden wird.

Absyrtus.
Der Vater schweigt. Du bist so seltsam Schwester
Sonst warst du rasch und heiter, frohen Muts;
Mich dünkt du bist dreifach gealtert
In der Zeit als ich dich nicht gesehn!

Medea.
Es hat der Gram sein Alter, wie die Jahre
Und wer der Zeit *vorauseilt*, guter Bruder,
Kommt früh ans Ziel.

Absyrtus.
Du weißt wohl also schon
Von jenen Fremden die –

Medea.
Von Fremden –?

Aietes.
Halt!
Ich gebot dir zu schweigen! Schweig denn, Schwätzer!
Medea, laß uns klug sprechen und besonnen,

Das Gegenwärt'ge aus der Gegenwart
Und nicht aus dem betrachten was Vergangen.
Wiss' es denn. Fremde sind angekommen, Hellenen,
Sie begehren zu rächen Phryxus' Blut,
Verlangen die Schätze des Erschlagnen
Und des Gottes Banner, das goldene Vließ.

Medea *(aufschreiend)*.
Es ist geschehn! Der Streich gefallen! Weh!
(Will in den Turm zurück.)

Aietes *(sie zurückhaltend)*.
Medea, Halt! – Bleib, Unsinnige!

Medea.
Gekommen die Rächer, die Vergelter!

Aietes.
Willst du mich verlassen, da ich dein bedarf?
Willst du sehen des Vaters Blut?
Medea ich beschwöre dich
Sprich! Rate! Rette! Hilf!
Gib mich nicht Preis meinen Feinden!
Argonauten nennen sie sich
Weil Argo sie trägt, das schnelle Schiff.
Was das Hellenenland an Helden nährt,
An Tapfern vermag, sie haben's versammelt
Zum Todesstreich auf deines Vaters Haupt.
Hilf Medea! Hilf meine Tochter!

Medea.
I ch soll helfen, hilf du selbst!
Gib heraus was du nahmst, Versöhnung bietend!

Aietes.
Verteilt sind die Schätze den Helfern der Tat;
Werden sie wiedergeben das Empfangne?
Besitzen sie's noch? die törichten Schwelger,
Die leicht vertan das leicht erworbne.
Soll ich herausgeben das glänzende Vließ,

Des Gottes Banner, Perontos Gut?
Nimmermehr! Nimmermehr! Und tät' ich's
Würden sie drum schonen mein und eurer?
Um desto sichrer würgten sie uns,
Rächend des Freundes Tod,
Geschützt durch das heilige Pfand des Gottes.
Deine Kunst befrage, gib andern Rat!

Medea.
Rat dir geben, ich selber ratlos!

Aietes.
Nun wohl, so verharre, du Ungeratne!
Opfre dem Tod deines Vaters Haupt.
Komm mein Sohn, wir wollen hinaus,
Den Streichen bieten das nackte Haupt,
Und fallen unter der Fremden Schwertern.
Komm mein Sohn, mein einzig Kind!

Medea.
Halt Vater!

Aietes.
Du willst also?

Medea.
Hör' erst!
Ich will's versuchen, die Götter zu fragen,
Was sie gebieten was sie gestatten.
Und nicken sie zu, so steh' ich dir bei,
Helfe dir bekämpfen den Feind,
Helfe dir schmieden den Todespfeil
Den du abdrücken willst ins dunkle Gebüsch,
Nicht wissend, armer Schütze, wen du triffst.
Es sei! Du gebeutst, ich gehorche!

Aietes.
Medea, mein Kind, mein liebes Kind!

Medea.
Frohlocke nicht zu früh, noch fehlt das Ende.

Ich bin bereit; allein versprich mir erst,
Daß, wenn die Tat gelang, dein Land befreit,
Zu hoffen wag' ich's kaum, allein wenn doch, –
Du mich zurückziehn läßt, in diese Wildnis
Und nimmer mehr mich störst, nicht du, nicht andre.

Aietes.
Warum?

Medea.
Versprich's!

Aietes.
Es sei!

Medea.
Wohlan denn Herr,
Tritt ein bei deiner Magd, ich folge dir!

Aietes.
Ins Haus?

Medea.
Drin wird's vollbracht.

Aietes *(zu Absyrtus).*
So komm denn Sohn!
(Beide ab in den Turm.)

Medea.
Da gehn sie hin, hin die Verblendeten! –
Ein töricht Wesen dünkt mich der Mensch;
Treibt dahin auf den Wogen der Zeit
Endlos geschleudert auf und nieder,
Und wie er ein Fleckchen Grün erspäht
Gebildet von Schlamm und stockendem Moor
Und der Verwesung grünlichem Moder,
Ruft er: *Land*! und rudert drauf hin
Und besteigt's – und sinkt – und sinkt –
Und wird nicht mehr gesehn!
Armer Vater, armer Mann!

Es steigen auf vor meinen Blicken
Düstrer Ahnungen Schauergestalten,
Aber verhüllt und abgewandt
Ich kann nicht erkennen ihr Antlitz!
Zeigt euch mir *ganz*, oder verschwindet
Und laßt mir Ruh, träumende Ruh!
Armer Vater! Armer Mann! –
– Aber der Wille kann viel – und ich will.
Will ihn erretten, will ihn befrein
Oder untergehn mit ihm!
Dunkle Kunst, die mich die Mutter gelehrt
Die den Stamm du treibst in des Lebens Lüfte
Und die Wurzeln geheimnisvoll
Hinabsenkst zu den Klüften der Unterwelt,
Sei mir gewärtig! – Medea *will*!
Ans Werk denn!
(Zu einigen Jungfrauen die am Eingange des Turmes erscheinen.)
Und ihr des Dienstes Beflißne
Bereitet die Höhle, bereitet den Altar!
Medea will zu den Geistern rufen,
Zu den düstern Geistern der schaurigen Nacht
Um Rat, um Hilfe, um Stärke, um Macht!
(Ab in den Turm.)

Pause. Dann tritt **Jason** *rasch auf.*

Jason.
Hier hört' ich Stimmen! – Hier muß – Niemand hier?

Milo *(hinter der Szene).*
Holla!

Jason.
Hierher!

Milo *(eben so).*
Jason!

Jason.
Hier Milo, hier!

Milo *(der keuchend auftritt).*
Mein Freund, such' dir 'nen anderen Begleiter!
Dein Kopf und deine Beine sind zu rasch,
Sie laufen, statt zu gehn. Ein großer Übelstand!
Von Beinen mag's noch sein, da hilft das Alter,
Allein ein Kopf der läuft! – Glück auf die Reise!
Such' einen andern sag' ich, ich bin's satt! *(Setzt sich.)*

Jason.
Wir haben, was wir suchten! – Hier ist Licht!

Milo.
Ja Lichts genug um uns da zu beleuchten
Und zu entdecken und zu schlachten, wenn's beliebt.

Jason.
Ei, Milo Furcht?

Milo *(rasch aufstehend).*
Furcht? – Lieber Freund, ich bitte
Wäg' deine Worte eh du sprichst!
(Jason faßt entschuldigend seine Hand.)

Milo.
Schon gut!
Wir laufen, nu, die Worte laufen mit!
Doch ernst. Was suchst du hier?

Jason.
Kannst du noch fragen?
Die Freunde, sie, die mir hierher gefolgt,
Ihr Heil vertrauend meines Glückes Stern
Und Jasons Sache machend zu der ihren,
Sie schmachten, kaum dem schwarzen Schiff entstiegen,
Hier ohne Nahrung ohne Labetrunk
In dieser Küste unwirtbaren Klippen,
Kein Führer ist, der Wegeskunde gäbe
Kein Landmann bietend seines Speichers Vorrat
Und von der Herde triftgenährter Zucht.
Soll ich die Hände legen da in Schoß

Und müßig zusehn wie die Freunde schmachten?
Beim Himmel! Ihnen soll ein Führer werden
Und Trank und Speise, sollt' ich auf sie wiegen
Mit meinem Blut!

Milo.
Das treue, wackre Herz!
O daß du nicht des Freundes Rat gefolgt
Und weggeblieben bist von dieser Küste!

Jason.
Warum denn auch? Was sollt' ich wohl daheim?
Der Vater tot, mein Oheim auf dem Thron
Scheelsüchtig mich, den künft'gen Feind, betrachtend.
Mich litt es länger nicht, ich mußte fort.
Hätt' er nicht selbst, der Falsche, mir geboten
Hierher zu ziehn in dieses Inselland
Das goldne Götterkleinod abzuholen
Von dem man spricht, so weit die Erde reicht
Und das dem Göttersohne Phryxus einst,
Ihn selber tötend, raubten die Barbaren,
Ich wäre selbst gegangen, freien Willens,
Dem eckelhaften Treiben zu entfliehn.
Ruhmvoller Tod für ruhmentblößtes Leben
Mag's tadeln wer da will, mich lockt der Tausch!
Daß dich, o Freund, ich mitzog und die andern,
Das ist wohl schlimm, allein ihr wolltet's so!

Milo.
Ja freilich wollt' ich so und will noch immer
Denn sieh, ich glaub', du hast mir's angetan,
So lieb' ich dich und all dein Tun und Treiben.

Jason.
Mein guter Milo!

Milo.
Nein! 's ist unrecht sag' ich,
Ich sollt' der Klügre sein, ich bin der Ältre.

Hättst du mich hingeführt, wohin auch immer,
Nur nicht in dieses gottverlaßne Land.
Kommt irgend sonst ein Mann in Fährlichkeit,
Nu Schwert heraus und Mut voran. Doch hier
In dieses Landes feuchter Nebelluft
Legt Rost sich, wie ans Schwert, so an den Mut.
Hört man in einem fort die Wellen brausen,
Die Fichten rauschen und die Winde tosen,
Sieht kaum die Sonne durch der dichten Nebel
Und rauhen Wipfel schaurigen Versteck,
Kein Mensch rings, keine Hütte, keine Spur,
Da wird das Herz so weit, so hohl, so nüchtern
Und man erschrickt wohl endlich vor sich selbst.
Ich, der als Knabe voll Verwundrung horchte,
Wenn man erzählte, 's gäb' ein Ding
Die *Furcht* genannt, hier seh' ich fast Gespenster
Und jeder dürre Stamm scheint mir ein Riese
Und jedes Licht ein Feuermann. 's ist seltsam.
Was unbedenklich sonst, erscheint hier schreckhaft
Und was sonst greulich wieder hier gemein.
Nur kürzlich sah ich einen Bär im Walde,
So groß vielleicht als keinen ich gesehn
Und doch kams fast mir vor, ich sollt' ihn streicheln,
Wie einen Schoßhund streicheln mit der Hand,
So klein, so unbedeutend schien das Tier
Im Abstich seiner schaurigen Umgebung.
Du hörst nicht?

Jason *(der indes den Turm betrachtet hat).*
Ja ich will hinein!

Milo.
Wohin?

Jason.
Dort in den Turm.

Milo.
Mensch, bist du rasend? *(Ihn anfassend).* Höre!

Jason *(sich losmachend und das Schwert ziehend).*
Ich will, wer hält mich? Hier mein Schwert! Es schützt mich
Vor Feinden wie vor überläst'gen Freunden.
Die erste Spur von Menschen find' ich hier
Ich will hinein. Mit vorgehaltnen Eisen
Zwing' einen ich von des Gebäuds Bewohnern,
Zu folgen mir, zu führen unsre Schar
Auf sichern Pfad aus dieses Waldes Umfang,
Wo Hunger sie und Feindeshinterhalt
Weit sichrer trifft als mich hier die Gefahr.
Sprich nicht! Ich bin entschlossen. Geh zurück
Ermutige die Schar. Bald bring' ich Rettung!

Milo.
Bedenk'!

Jason.
Es ist bedacht! Wer kann hier weilen
Im kleinen Hause, wüst und abgeschieden?
Ein Haushalt von Barbaren und was mehr?
Ich denk' du kennst mich! Hier ist nicht Gefahr
Als im Verweilen. – Keine Worte weiter!

Milo.
Doch wie gelangst du hin?

Jason.
Siehst du dort drüben
Gähnt weit ein Spalt im alternden Gemäuer.
Das Meer leiht seinen Rücken bis da hin
Und leicht erreich' ich's schwimmend.

Milo.
Höre doch!

Jason.
Leb' wohl!

Milo.
Laß mich statt dir!

Jason.

Auf Wiedersehn!

(Springt von einer Klippe ins Meer)

Milo.

Er wagt es doch! – Dort schwimmt er! – Tut es *doch*,
Und läßt mich schmälen hier nach Herzenslust!
Ein wackres Herz, doch jung, gewaltig jung!
Hier will ich stehn und seiner Rückkehr harren:
Und geht's auch schief, wir hauen uns heraus.
(Er lehnt sich an einen Baum.)

Ein düsteres Gewölbe im Innern des Turms. Links im Hintergrunde die Bildsäule eines Gottes auf hohem Fußgestell, im Vorgrunde rechts eine Felsenbank.

Jungfrauen mit Fackeln bringen einen kleinen Altar und Opfergefäße und stellen alles ordnend umher.

Eine Jungfrau tritt ein und spricht an der Türe:

Jungfrau.

Genug! Es naht Medea! Stört sie nicht!
(Alle ab mit den Lichtern.)

Jason *tritt durch einen Seiteneingang links auf mit bloßem Schwerte.*

Jason.

Ein finsteres Gewölb'. – Ich bin im Innern!
Mehr Menschen faßt das Haus, scheint's, als ich glaubte,
Doch immerhin! wird nur mein Ziel erreicht.
Behutsam späh ich, bis ein Einzelner
Mir aufstößt, dann das Schwert ihm auf die Brust
Und mit mir soll er, will er nicht den Tod.
(Er späht mit vorgehaltenem Schwerte umher.)
Ist da kein Ausgang? – Halt! – Ein Block von Stein
Das Fußgestell wohl eines Götterbildes.
Ehrt man hier Götter und verhöhnt das Recht?
Doch horch! – ein Fußtritt! – Bleiche Helle gleitet
Fortschreitend an des Ganges engen Bogen.
Man kommt! – Wohin – ? – Verbirg mich dunkler Gott!
(Er versteckt sich hinter die Bildsäule.)

Medea kommt, einen schwarzen Stab in der Rechten, eine Lampe in der Linken.

Medea.
Es ist so schwül hier, so dumpf!
Feuchter Qualm drückt die Flamme der Lampe,
Sie brennt ohne zu leuchten.
(Sie setzt die Lampe hin.)
– Horch! – Es ist mein eignes Herz,
Das gegen die Brust pocht mit starken Schlägen!
Wie schwach, wie töricht! – Auf Medea!
Es gilt des Vaters Sache, der Götter!
Sollen die Fremden siegen, Kolchis untergehn?
Nimmermehr! Nimmermehr!
Ans Werk denn!
Seid mir gewärtig Götter, höret mich,
Und gebt Antwort meiner Frage!
(Mit dem Stabe Zeichen in die Luft machend.)
Die ihr einhergeht im Gewande der Nacht
Und auf des Sturmes Fittigen wandelt
Furchtbare Fürsten der Tiefe,
Denen der Entschluß gefällt
Und die beflügelte Tat,
Die ihr bei Leichen weilt
Und euch labt am Blut der Erschlagnen,
Die ihr das Herz kennt und lenkt den Willen,
Die ihr zählt die Halme der Gegenwart
Sorglich bewahrt des Vergangenen Ähren
Und durchblickt der Zukunft sprossende Saat,
Euch ruf' ich an!
Gebt mir Kunde, sichere Kunde
Von dem was uns droht, von dem was uns lacht!
Bei der Macht, die mir ward,
Bei dem Dienst, den ich tat,
Bei dem Wort, das ihr kennt
Ruf' ich euch,
Erscheinet, erscheint!
(Pause.)

Was ist das? – Alles schweigt!
Sie zeigen sich nicht?
Zürnt ihr mir, oder betrat ein Fuß,
Eines Frevlers Fuß
Die heilige Stätte?
Angst befällt mich, Schauer faßt mich!
(Mit steigender Stimme.)
Allgewaltige! Lauscht meinem Rufen,
Hört Medeens Stimme!
Eure Freundin ist's die ruft.
Ich fleh' ich verlang' es
Erscheinet, erscheint!

***Jason** springt hinter der Bildsäule hervor.*

Medea *(zurückfahrend).*
Ha!

Jason.
Verfluchte Zauberin, du bist am Ende,
Erschienen ist, der dich vernichten wird.
(Indem er mit vorgehaltenem Schwerte hervorspringt verwundet er Medeen am Arme.)

Medea *(den verwundeten rechten Arm mit der linken Hand fassend).*
Weh mir!
(Stürzt auf den Felsensitz hin, wo sie schwer atmend leise ächzt.)

Jason.
Du fliehst? Mein Arm wird dich ereilen!
(Im Dunkeln herum blickend.)
Wo ist sie hin!
(Er nimmt die Lampe und leuchtet vor sich hin.)
Dort! – Du entgehst mir nicht!
(Hinzutretend.)
Verruchte!

Medea *(stöhnend).*
Ah!

Jason.

Stöhnst du? Ja zittre nur!
Mein Schwert soll deine dunkeln Netze lösen!
(Sie mit der Lampe beleuchtend).
Doch seh' ich recht? Bist du die Zauberin,
Die dort erst heischre Flüche murmelte?
Ein weiblich Wesen liegt zu meinen Füßen,
Verteidigt durch der Anmut Freiheitsbrief,
Nichts zauberhaft an ihr, als ihre Schönheit.
Bist du's? – Doch ja! Der weiße Arm, er blutet,
Verletzt von meinem mitleidslosen Schwert!
Was hast du angerichtet? Weißt du wohl,
Ich hätt' dich töten können, holdes Bild,
Beim ersten Anfall in der dunkeln Nacht?
Und Schade wär's, fürwahr, um so viel Reiz!
Wer bist du, doppeldeutiges Geschöpf?
Scheinst du so schön und bist so arg, zugleich
So liebenswürdig und so hassenswert,
Was konnte dich bewegen, diesen Mund,
Der, eine Rose, wie die Rose auch
Nur hauchen sollte süßer Worte Duft,
Mit schwarzer Sprüche Greuel zu entweihn?
Als die Natur dich dachte, schrieb sie: *Milde*
Mit holden Lettern auf das erste Blatt
Wer malte Zauberformeln auf die andern?
O geh! ich hasse deine Schönheit, weil sie
Mich hindert deine Tücke recht zu hassen!
Du atmest schwer. Schmerzt dich dein Arm? Ja, siehst du
Das sind die Früchte deines argen Treibens!
Es blutet! Laß doch sehn!
(Nimmt ihre Hand.) Du zitterst, Mädchen,
Die Pulse klopfen, jede Fiber zuckt.
Vielleicht bist du so arg nicht, als du scheinst,
Nur angesteckt von dieses Landes Wildheit,
Und Reue wohnt in dir und fromme Scheu.
Heb auf das Aug und blicke mir ins Antlitz,
Daß ich die dunkeln Rätsel deines Handelns

Erläutert seh' in deinem klaren Blick. –
Du schweigst! – O wärst du stumm, und jene Laute,
Die mir ertönten, fluchenswerten Inhalts,
Gesprochen hätte sie ein andrer Mund,
Der minder lieblich, Mädchen, als der deine.
Du seufzest! – Sprich! – Laß deine Worte tönen;
Vertrau' den Lüften sie, als Boten, an,
Sonst holt mein Mund sie ab von deinen Lippen.
(Er beugt sich gegen sie.)
(Man hört Waffengeklirr und Stimmen in der Ferne.)
Horch! – Stimmen!
(Er läßt sie los.) Näher!
(Medea steht auf.) Deine Freunde kommen
Und ich muß fort. Des freuest du dich wohl?
Allein ich seh' dich wieder, glaube mir!
Ich muß dich sprechen hören, gütig sprechen,
Und kostet' es mein Leben! – Doch man naht.
Glaub' nicht, daß ich Gefahr und Waffen scheue,
Doch auch ein Tapfrer weicht der Überzahl,
Und meiner harren Freunde. – Leb' denn wohl.

Er geht dem Seiteneingange zu, durch den er gekommen ist. Aus diesem, so wie aus dem Haupteingange stürzen **Bewaffnete** *herein, mit ihnen* **Absyrtus***.*

Absyrtus.
Zurück!

Jason.
So gilt's zu fechten! – Gebet Raum!

Absyrtus.
Dein Schwert!

Jason.
Dir in die Brust, nicht in die Hand!

Absyrtus.
Fangt ihn!

Jason *(sich in Stellung werfend).*
Kommt an! Ihr alle schreckt mich nicht!

Absyrtus.
Laß uns versuchen denn!
(Stürzt auf Jason los.)

Medea *(macht eine abhaltende Bewegung gegen ihn).*

Absyrtus *(zurücktretend).*
Was hältst du mich Schwester?

Jason.
Du sorgst um mich? Hab' Dank, du holdes Wesen,
Nicht für die Hilfe, ich bedarf sie nicht,
Für diese Sorge Dank. Leb' wohl, o Mädchen,
(Sie bei der Hand fassend und rasch küssend.)
Und dieser Kuß sei dir ein sichres Pfand,
Daß wir uns wiedersehn! – Gebt Raum!
(Er schlägt sich durch.)

Absyrtus.
Auf ihn!
(Jason durch die Seitentüre fechtend ab.)

Absyrtus.
Ihm nach! Er soll uns nicht entrinnen!
(Eilt Jason nach mit den Bewaffneten.)

Medea *(die unbeweglich mit gesenktem Haupt gestanden, hebt jetzt Kopf und Augen empor).*
Götter!
(Ihre Jungfrauen stehen um sie.)

Der Vorhang fällt.

Zweiter Aufzug

Halle wie am Ende des vorigen Aufzuges. Es ist Tag.

Gora, Peritta. Jungfrauen.

Gora.
Ich sage dir, sprich lieber Medeen nicht.
Ob der Ereignung zürnt sie der heutigen Nacht
Und sie spricht sich nicht gut, wenn sie zürnt; das weißt du!
Auch gebot sie dir, ihr Antlitz zu fliehn.

Peritta.
Was soll ich tun? Wer hilft, wenn sie nicht?
Gefangen der Gatte, die Hütte verbrannt.
Alles geraubt von den fremden Männern
Wem klag' ich mein Leid, wer rettet, wenn sie nicht?

Gora.
Tu wie du willst, ich hab' dich gewarnt,
Auch ist's recht und billig nur, daß sie dich hört,
Aber der Mensch tut nicht immer was recht.

Peritta.
Ach, ich Unselige!

Gora.
Klage nicht! Was hilft's
Überleg' und handle, das tut dir Not!
Doch wo weilt Medea? komm in ihr Gemach.

*Eine **Jungfrau** stürzt atemlos herein.*

Jungfrau.
O Übermaß des Unglücks!

Gora *(an der Türe umkehrend).*
Wohl nur der Torheit, will ich hoffen!
Was neues gibt's?

Jungfrau.
Der Fürstin Lieblingspferd. –

Gora.
Das herrliche Tigerroß –

Jungfrau.
Es ist entflohn!

Gora.
So?

Jungfrau.
In der Verwirrung der heutigen Nacht
Da die Pforte offen, wir alle voll Angst,
Entkam es dem Stall und ward nimmer gesehn!
Weh mir!

Gora.
Ja wohl!

Jungfrau.
Wie entflieh' ich der Fürstin Zorn?
Wird sie's ertragen –?

Gora.
Das *wie* ist ihre Sache
Doch tragen muß sie's, da es *ist*.
Nur rat' ich dir geh fürs erste ihr aus dem Auge!
Doch horch! Sie naht schon! Peritta tritt zu mir.

***Medea** kommt in Gedanken versunken aus der Türe rechts.*

Gora *(nach einer Pause).*
Medea –

Jungfrau *(ihr zuvorkommend und zu Medeens Füßen stürzend).*
O Königin verzeih!

Medea *(den Kopf emporhebend).*
Was ist?

Jungfrau.
Vernichte mich nicht in deinem Zorn!
Dein Leibroß – Dein Liebling! – Es ist entflohn.
(Pause während welcher sie Medeen voll Erwartung ins Gesicht sieht).

Nicht meine Schuld war's fürwahr. Der Schrecken heut Nacht
Das Getümmel, der Lärm – Da geschah's –
– Du sprichst nicht? – Zürne Fürstin –

Medea.
Es ist gut!
(Jungfrau steht auf.)

Gora *(sie bei Seite ziehend).*
Was sprach sie?

Jungfrau *(freudig).*
Es sei gut.

Gora.
Das ist *nicht* gut!
Trägt sie so leicht, was sie sonst schwer ertrug,
Das begünstigt unsre Sache, Peritta!
Fast ist mir's unlieb, daß sie so mild gestimmt
Ich hatte mich drauf gefreut, wie sie sich sträuben würde
Und endlich überwinden müßte zu tun was sie soll.
Nu komm denn, komm, für dich ist's besser so.
Medea hier ist noch jemand den du kennst!

Medea.
Wer?

Gora.
Kennst deine Gespielin, Peritta, nicht?
Zürnst du ihr gleich –

Medea.
Peritta bist du's;
Sei mir gegrüßt, sei herzlich mir gegrüßt!
(Sie mit dem Arm umschlingend und sich auf sie stützend.)
Wir haben frohe Tage zusammen gelebt.
Seit dem ist viel übles geschehn.
Viel übles seit der Zeit, Peritta!
Hast du deine Herde verlassen und dein Haus
Und kommst wieder zu mir, Peritta?

Sei mir willkommen, du bist sanft und gut,
Du sollst mir die Nächste sein im Kreis meiner Frauen!

Peritta.
Kein Haus hab' ich mehr und keine Herde
Alles verloren, mein Gatte gefangen,
Dahin meine Ruhe, mein Segen, mein Glück.

Medea.
So ist er dahin, ist tot!
Du dauerst mich armes, armes Kind!
War so jung, so kräftig, so glänzend, so schön,
Und ist tot und kalt! Du dauerst mich
Ich könnte weinen, so rührst du mich.
(Legt ihre Stirne auf Perittas Schulter.)

Peritta.
Nicht tot, nur gefangen ist mein Gatte
Drum kam ich zu flehn, daß du bittest den Vater
Ihn zu lösen, zu retten, zu befrein –
– Medea hörst du? – *(Zu Gora.)* Sie spricht nicht! Was sinnt sie?

Gora.
Mich überrascht sie nicht minder als dich
Das ist sonst nicht Medeens Sitte.

Peritta.
Was ist das? Trau' ich meinen Sinnen?
Feucht fühl' ich dein Antlitz auf meiner Schulter!
Medea Tränen? – O du Milde, du Gute!
(Küßt Medeens herabhängende Hand.)

(Medea reißt sich empor, faßt rasch mit der rechten Hand die geküßte Linke und sieht Peritten starr ins Gesicht. Dann entfernt sie sich rasch von ihr, sie immer starr betrachtend und nähert sich der Amme.)

Medea.
Gora!

Gora.
Frau?

Medea.
Heiß sie gehn!

Gora.
So willst du –

Medea.
Heiß sie gehn!

Gora *(winkt Peritten mit der Hand Entfernung zu).*
(Peritta hält flehend ihr die Hände entgegen.)
(Gora winkt ihr beruhigend zu, sich zu entfernen.)
(Peritta von zwei Mädchen geführt, ab.)

Medea *(unterdessen).*
Ah! – es ist heiß hier. – Schwüle Luft.
(Reißt gewaltsam den Gürtel entzwei und wirft ihn weg.)

Gora.
Sie ist fort!.

Medea *(zusammenfahrend).*
Fort?

Gora.
Peritta ist fort.

Medea.
Gora!

Gora.
Gebieterin!

Medea *(halblaut, sie bei Seite führend).*
Warst du zugegen heut Nacht?

Gora.
Wo?

Medea *(Sieht ihr fremd ins Gesicht.)*

Gora.
Ah hier? Freilich!

Medea *(mit freudeglänzenden Blicken).*
Ich sage dir es war ein Gott!

Gora.
Ein Gott?

Medea.
Ich habe lange darüber nachgedacht,
Nachgedacht und geträumt die lange Nacht,
Aber 's war ein Himmlischer, des bin ich gewiß.
Als er mit einemmal dastand, zürnenden Muts,
Hochaufleuchtend, einen Blitz in der Hand
Und zwei andre im flammenden Blick,
Da fühlt' ich's am Sinken des Muts, an meiner Vernichtung,
Daß ihn kein sterbliches Weib gebar.

Gora.
Wie? so –

Medea.
Du hast mir wohl selbst erzählet,
Oft, daß Menschen, die nah dem Sterben,
Heimdar sich zeige, der furchtbare Gott,
Der die Toten führt in die schaurige Tiefe.
Sieh, der war es glaub' ich, o Gora!
Heimdar war es, der Todesgott.
Bezeichnet hat er sein dunkles Opfer,
Bezeichnet mich mit dem ladenden Kuß
Und Medea wird sterben, hinuntergehn
Zu den Schatten der schweigenden Tiefe.
Glaub' mir, ich fühle das, gute Gora,
An diesem Bangen, an diesem Verwelken der Sinne,
An dieser Grabessehnsucht fühl' ich es,
Daß mir nicht fern das Ende der Tage!

Gora.
Was hat deinen Sinn so sehr umwölkt,
Daß du trüb schaust, was klar und deutlich?

Ein Mensch war's, ein Übermüt'ger, ein Frecher
Der hier eindrang

Medea *(zurückfahrend).*
Ha!

Gora.
Der die Nacht benützend –

Medea.
Schweig!

Gora.
Deine Angst

Medea.
Verruchte schweig.

Gora.
Schweigen kann ich wenn du's gebietest,
Einst mein Pflegling, jetzt meine Frau.
Aber drum ist's nicht anders als ich sagte.

Medea.
Sieh wie du albern bist und töricht!
Wie käm' ein Fremder in diese Mauern?
Wie hätt' ein Sterblicher sich erfrecht,
Zu drängen sich vor Medeas Antlitz,
Sie zu sprechen, ihr zu drohn, mit seinen Lippen –
Geh Unselige, geh
Daß ich dich nicht töte,
Nicht räche deine Torheit
An deinem Leben.
Ein Sterblicher? Scham und Schmach!
Entferne dich, Verräterin!
Geh! sonst trifft dich mein Zorn.

Gora.
Ich rede was ist und nicht was du willst.
Gehn soll ich? ich gehe.

Medea.

Gora, bleib!
Hast du kein freundlichs Wort, du Gute?
Fühlst du denn nicht, so ist's so muß es sein,
Heimdar war es, der stille Gott,
Und nun kein Wort mehr, kein Wort, o Gora!
(Wirft sich ihr an den Hals und verschließt mit ihrem Munde Goras Lippen.)
(Nach einer Pause.)

Medea.
Horch!

Gora.

Tritte nahen!

Medea.

Man kommt! Fort!

Gora.
Bleib! Dein Bruder ist's und dein Vater! Sieh!

Aietes und Absyrtus stürzen herein.

Aietes.
Entkommen ist er, des trägst du die Schuld!
(Zu Medeen.)
Warum hemmtest den Streich des Bruders,
Da er ihn töten wollte, den Frevler?

Absyrtus.
Vater, scheltet sie nicht darum
War doch angstvoll und bang ihre Seele!
Denkt! ein Fremder, allein, bei Nacht,
Eingedrungen in ihre Kammer;
Sollte sie da nicht zagen, Vater?
Und nicht weiß die Furcht was sie tut.
Doch der Grieche –

Medea.

Grieche?

Aietes.
Wer sonst?
Einer der Fremden war's, der Hellenen,
Die gekommen an Kolchis' Küste,
Argonauten, auf Argo dem Schiff,
Zu verwüsten unsere Täler
Und zu rauben unser Gut.

Medea *(Goras Hand fassend).*
Gora!

Gora.
Siehst du? es ist so, wie ich sagte.

Absyrtus.
Übermütig sind sie und stark
Ja, bei Peronto! Stark und kühn!
Setzt' ich nicht nach ihm, ich und die Meinen
Hart ihn drängend, nach auf den Fersen?
Aber er führte in Kreisen sein Schwert
Keiner von uns kam ihm nah zu Leibe.
Jetzt zum Strom gekommen, warf er
Raschen Sprungs sich hinein.
Dumpf ertönte die Gegend dem Sturze,
Hoch auf spritzten die schäumenden Wasser
Und er verschwand in umhüllende Nacht.

Aietes.
Ist er entkommen dieses Mal
Fürder soll es ihm nicht gelingen!
Die kühnen Fremdlinge stolz und trotzig
Haben Zweisprach begehrt mit mir.
Zugesagt hab' ich's, den Groll verbergend
Den tödlichen Haß in der tiefen Brust
Aber gelingt mir, was ich sinne,
Und bist du mir gewärtig mit deiner Kunst,
So soll sie der frevelnde Mut gereuen,
So endet der Streit noch eh er begann.
Auf Medea, komm! Mach' dich fertig

Gut zu machen, was du gefehlet
Und zu rächen die eigene Schmach
Deine Sache ist's nun geworden
Haben sie doch an dir auch gefrevelt,
Gefrevelt durch jenes Kühnen Tat,
Denn wahr ist's doch, was Absyrtus mir sagte,
Daß er's gewagt mit entehrendem Kuß –

Medea.
Vater schweig, ich bitte dich –

Aietes.
Ist's wahr?

Medea.
Frage mich nicht was wahr, was nicht!
Laß dir's sagen die Röte meiner Wangen
Laß dir's sagen – Was soll ich? Gebeut!
Willst du vernichten die Schar der Frevler?
Sage nur wie, ich bin bereit!

Aietes.
So recht Medea, so mag ich's gern
So erkenn' ich in dir mein Kind
Zeig' daß dir fremd war des Frechen Erkühnen
Laß sie nicht glauben, du habest gewußt
Selber gewußt um die frevelnde Tat!

Medea.
Gewußt? Wer glaubt das, Vater und von wem?

Aietes.
Wer? der's sah, der's hörte, Kind!
Wer Zeuge war wie Aletes' fürstliche Tochter
Den Kuß duldete von des Frevlers Lippe.

Medea.
Vater!

Aietes.
Was ist?

Medea.

Du tötest mich!

Aietes.

Ich glaub's *nicht*, Medea!

Medea.

Wirklich nicht?
Laß uns gehn!

Aietes.

Wohin?

Medea.

Wohin du willst
Zu vernichten, zu töten, zu sterben!

Aietes.

Du versprichst mir also?

Medea.

Ich hab' es gesagt!
Aber laß uns gehn!

Aietes.

Hör' erst!

Medea.

Nicht hier!
Hohnzulachen scheint mir des Gottes Bild
Des Gewölbes Steine formen sich mir
Zu lachenden Mäulern und grinsenden Larven.
Hinweg von dem Orte meiner Schmach!
Nimmer betret' ich ihn. Vater komm!
Was du willst, wie du willst, doch fort von hier!

Aietes.

So höre!

Medea.

Fort!

Aietes.

Medea!

Medea.

Fort!

(Eilt ab.)

Aietes.

Medea!

(Mit Absyrtus ihr nach.)

Freier Platz mit Bäumen. Links im Hintergrunde des Königs Zelt.

***Acht Abgeordnete der Argonauten** treten auf von einem **Kolchischen Hauptmanne** geleitet.*

Hauptmann.
Hier sollt ihr weilen ist des Königs Befehl
Bald naht er selbst.

Erster Argonaut.
Befehl? Nichtswürdiger Barbar,
Für dich mag's sein, doch uns Befehl?
Wir harren deines Königs weil wir wollen,
Doch eil' er sich, sonst suchen wir ihn auf!

Zweiter Argonaut.
Laß ihn! Die Knechtesrede ziemt dem Knecht!
(Kolcher ab.)
So sind wir hier; erreicht des Strebens Ziel!
Nach mancher Fährlichkeit zu Land und See
Umfängt uns Kolchis' düstre Märchenwelt,
Von der man spricht so weit die Sonne leuchtet.
Was keinem möglich deuchte ist geschehn;
Durchsegelt ist ein unbekanntes Meer,
Das zürnend Untergang dem ersten Schiffer drohte,
Zu neuen Völkern und zu neuen Ländern
Tat sich der Weg, und was oft schwerer noch,
Tat auch der Rückweg sich uns günstig auf:
Wir sind in Kolchis, unsrer Reise Ziel.
So weit hat gnädig uns ein Gott geführt;

Doch jetzo fürcht' ich wendet er sich ab!
Wir stehn in Feindes Land, von Tod umgeben
Fremd, ohne Rat und Führer – Jason fehlt.
Er, der zum Zug geworben, ihn geführt,
Er, dessen eigne Sache wir verfechten,
Mit Milo hat er sich vom Zug entfernt,
Heut Nacht entfernt und ward nicht mehr gesehn.
Ob er im Wald verirrt, verlassen schmachtet,
Ob er ins Netz gefallen der Barbaren,
Ob ihn aus Hinterhalt der Tod ereilt
Ich weiß es nicht, doch jedes steht zu fürchten.
So aufgelöst, vereinzelt, ohne Band,
Ist jeder nun sein eigner Rat und Führer
Drum frag' ich euch, die Ersten unsrer Schar:
Was ist zu tun?
(Alle schweigen mit gesenkten Häuptern.)
Ihr schweigt. Jetzt gilt's Entschluß!
Geladen von dem König dieses Landes
Zur Zweisprach, zum Versuch der Gütlichkeit,
Schien's uns gefährlich, ob des Führers Abgang
Den Aufruf abzulehnen, der geschehn,
Und zu enthüllen unsre Not und Schwäche.
Wir gingen, wir sind hier! – Was nun zu tun?
Wer Rat weiß, spreche nun!

Dritter Argonaut.
Du bist der Ältste
Sprich du!

Zweiter Argonaut.
Der Ältste ist der Erste nicht
Wo's Kraft gilt und Entschluß. Fragt einen andern!

Erster Argonaut.
Laßt uns die Schwerter nehmen in die Hand
Den König töten und sein treulos Volk
Dann fort, doch erst die Beut' ins Schiff gebracht!

Zweiter Argonaut.
Nicht auch das Land und heimgebracht zur Schau?
Dein Rat ist unreif Freund wie deine Jahre.
Gebt andern!

Dritter Argonaut.
Rate du, wir folgen dir!

Zweiter Argonaut.
Mein Rat ist Rückkehr! Murrt ihr? Nun wohlan
Sprech' einer Besseres, ich stimme bei!
Ihr schweigt gesamt und Niemand tritt hervor.
So hört, und stört nicht oder überzeugt mich!
Nicht eignes Streben hat uns hergeführt
Was kümmert Kolchis uns mit seinen Wundern?
Dem Mut, dem Glücke Jasons folgten wir
Den Arm ihm leihend zum gebotnen Werk;
Er tat des Oheims Willen, wir den seinen.
Wer ist, der treten mag an Jasons Stelle,
Hat ihn der Tod, wie möglich, hingerafft?
Wem liegt daran das Wundervließ zu rauben
Das Tod umringt und dräuende Gefahr?
Habt ihr gehört? im Schlund der Höhle liegt's,
Bewacht von eines Drachen gift'gen Zähnen,
Vom Graun verteidigt schwarzer Zauberei,
Beschützt von allem was verrucht und greulich;
Wer wagt's von euch, wer hebt den goldnen Schatz?
Wie Keiner? Nun, so woll' auch keiner *scheinen*
Was keiner Kraft und Willen hat zu *sein*.
Hier leg' ich von mir Schild und Speer
Und geh' zum König als ein Mann des Friedens.
Drei Tage gönn' er uns zu harren Zeit,
Und kehrt dann Jason nicht, so ziehn wir heim.
Wer mit mir gleichdenkt, tue so wie ich.
Ein Held ist wer das Leben Großem opfert
Wer's für ein Nichts vergeudet ist ein Tor!
(Die meisten stoßen ihre Speere in den Boden.)

Nun kommt zu Kolchis' König. Gerne tauscht er
Die eigne Sicherheit wohl aus für unsre!

Erster Argonaut.
Halt noch. Dort nahn zwei Griechen! Milo ist's
Der fort mit Jason ging und – *(schreiend)* Jason selber!
Jason!

Mehrere.
Jason!

Alle *(tumultuarisch)*.
Jason!

Milo *(hinter der Szene)*.
Hier Gefährten!
Hier Jason, Argonauten!

Erster Argonaut *(zum zweiten)*.
Was sagst du nun?

Zweiter Argonaut.
Daß Jason da ist, sag' ich Freund wie du.
Statt meines Rates gibt er euch die Tat.
Nur da er fort war hatt' ich eine Meinung!

Milo tritt auf, Jason an der Hand führend.

Milo.
Hier habt ihr ihn! Hier ist er ganz und gar!
Nun seht euch satt an ihm und schreit und jubelt!
(Die Argonauten drängen sich um Jason, fassen seine Hände und drücken ihre Freude aus.)

Vermischte Stimmen.
Willkommen – Jason! – Freund! – Willkommen Bruder!

Jason.
Habt ihr um mich gebangt? Hier bin ich wieder!
(Indem er den Andrängenden die Hände reicht.)

Milo *(den nächststehenden umarmend)*.
Freund siehst du, er ist da? Gesund und rüstig!

Und's ging ihm nah ans Leben, ei beim Himmel!
Ein Haar! und ihr saht Jason nimmer mehr!
Er wagte sich, allein – ich durft' nicht mit –
Um euretwillen Freunde wagt' er sich,
Im dichten Wald, allein, in einen Turm,
Der voll Barbaren steckte bis zum Giebel.
Da hieß es fechten.

Jason.
Ja fürwahr es galt!
Verloren war ich, wenn ein Mädchen nicht –

Milo.
Ein Mädchen? Ein Barbarenmädchen?

Jason.
Ja!

Milo.
Sieh davon sagtest du mir früher nichts!
Und war sie schön?

Jason.
So schön so reizend so –
Doch eine arge, böse Zauberin. –
Ihr dank' ich dies mein Leben!

Milo.
Wackres Mädchen!

Jason.
Ich schlug mich durch und – doch genug, ich lebe
Und bin bei euch! – Doch was führt euch hierher?

Zweiter Argonaut.
Zur Zweisprach ließ uns laden Kolchis' König
Vernehmen will er unsre Forderung
Und dann entscheiden.

Jason.
Hier?

Zweiter Argonaut.
Hier ist sein Sitz!

Jason.
Ich will ihn sprechen. Fügt er sich in Frieden
Gut denn! wenn nicht, dann mag das Schwert entscheiden.
(Auf die seitwärts gestellten Speere zeigend.)
Doch diese Waffen! – Seid ihr hier so sicher
Daß ihr des Schutzes selber euch beraubt?
(Sie nehmen beschämt die weggelegten Speere wieder auf.)
Ihr schweigt und schlagt beschämt die Augen nieder?
Habt ihr? – *(Zu Milo.)* Oh sieh, sie meiden meinen Blick!
Unglückliche! es war doch nicht die Furcht –
Die *Furcht* Hellenen, die den Speer euch nahm?
Es war's nicht –? *(Zu Milo.)* Ach es war's! Die Unglücksel'gen
Sie wagen's nicht der Lüge mich zu zeihn.
Was hat euch denn verblendet arme Brüder? –
– Es war die *Furcht*! –
(Zu einem der sprechen will.)
Ich bitte dich, sprich nicht
Ich kann mir denken was du fühlst. Sprich nicht!
Mach' nicht, daß ich mich schäme vor mir selbst!
Denn, o nicht ohne Tränen könnt' ich schauen
In ein von Scham gerötet Männerantlitz.
Ich will's vergessen wenn ich kann.

*Ein **Kolcher** tritt auf.*

Kolcher.
Der König naht!

Jason.
So laßt uns stark sein und entschlossen, Freunde
Nicht ahne der Barbar, was hier geschehn!

***Aietes** tritt auf mit **Gefolge**.*

Aietes.
Wer ist der das Wort führt für die Fremden!

Jason *(vortretend).*
Ich!

Aietes.
Beginn!

Jason.
Hochmütiger Barbar, du wagst –?

Aietes.
Was willst du?

Jason.
Achtung!

Aietes.
Achtung?

Jason.
Meiner Macht,
Wenn meinem Namen nicht!

Aietes.
Wohlan, so sprich!

Jason.
Thessaliens Beherrscher, Pelias,
Mein Oheim und mein Herr, schickt mich zu dir,
Mich, Jason, dieser Männer Kriegeshaupt,
Zu dir zu reden, wie ich jetzo rede!
Gekommen ist die Kunde übers Meer,
Daß Phryxus, ein Hellene, hohen Stammes,
Den Tod gefunden hier in deinem Reich!

Aietes.
Ich schlug ihn nicht.

Jason.
Warum verteidigst du dich,
Eh ich dich noch beschuldigt? Hör' mich erst.
Mit Schätzen und mit Gute reich beladen
War Phryxus' Schiff. Das blieb in deiner Hand

Als er verblich geheimnisvollen Todes!
Sein Haus ist aber nahverwandt dem meinen,
Drum in dem Namen meines Ohms und Herrn
Fordr' ich, daß du erstattest, was sein eigen,
Und was nun mein und meines Fürstenhauses.

Aietes.
Nichts weiß ich von Schätzen.

Jason.
Laß mich enden.
Das Köstlichste von Phryxus' Gütern aber
Es war ein köstliches, geheimnisvolles Vließ,
Des er entkleidete in Delphis hoher Stadt
Das Bildnis eines unbekannten Gottes
Das dort seit grauen Jahren aufgestellt,
Man sagt, von den Urvätern unsers Landes,
Die fernher kommend, und von Oben stammend,
Das Land betraten und der Menschheit Samen
Weitbreitend in die leere Wildnis streuten,
Und Hellas' Väter wurden, unsre Ahnen
Von ihnen sagt man stamme jenes Zeichen,
Ein teures Pfand für Hellas' Heil und Glück.
Vor allem nun dies Vließ fordr' ich von dir,
Daß es ein Kleinod bleibe der Hellenen
Und nicht in trotziger Barbaren Hand
Zum Siegeszeichen diene wider sie.
Sag' was beschließest du?

Aietes.
Ich hab's nicht!

Jason.
Nicht?
Das goldne Vließ?

Aietes.
Ich hab's nicht, sag' ich dir!

Jason.
Ist dies dein letztes Wort?

Aietes.
Mein letztes!

Jason.
Wohlan!
(Wendet sich zu gehn.)

Aietes.
Wo willst du hin?

Jason.
Fort, zu den Meinen,
Sie zu den Waffen rufen, um zu sehen,
Ob du der Macht unnahbar wie dem Recht.

Aietes.
Ich lache deiner Drohungen!

Jason.
Wie lange?

Aietes.
Tollkühner! Mit einem Häufchen Abenteurer
Willst du trotzen dem König von Kolchis?

Jason.
Ich will's versuchen!
(Will gehen.)

Aietes.
Halt! Du rasest glaub' ich.
Ist wirklich der Götter Huld geknüpft an jenes Zeichen
Und ist dem Sieg und Rache, der's besitzt,
Wie kannst du hoffen zu bestehen gegen mich,
In dessen Hand –

Jason.
Ha, so besitzest du's?

Aietes.
Wenn's wäre, mein' ich, wie du glaubst.

Jason.
Ich weiß genug!
Schwachsinniger Barbar, und darauf stützest
Du deiner Weigrung unhaltbaren Trotz?
Du glaubst zu siegen, weil in deiner Hand –
Nicht gut nicht schlimm ist, was die Götter geben
Und der Empfänger erst macht das Geschenk.
So wie das Brot, das uns die Erde spendet,
Den Starken stärkt, des Kranken Siechtum mehrt,
So sind der Götter hohe Gaben alle,
Dem Guten gut, dem Argen zum Verderben.
In meiner Hand führt jenes Vließ zum Siege
In deiner sichert's dir den Untergang.
Sprich selbst, wirst du es wagen zu berühren
Besprützt wie's ist mit deines Gastfreunds Blut, –

Aietes.
Schweig!

Jason.
Sag' gibst du's heraus? – ja oder nein!

Aietes.
So höre mich!

Jason.
Ja oder nein!

Aietes.
Du rascher!
Warum uns zanken ohne Not
Laß uns friedlich überlegen
Und dann entscheiden was zu geschehn!

Jason.
Du gibst es denn heraus?

Aietes.
Was? – Ei laß das!
Wir wollen uns erst kennen und verstehn.
Dem Freunde gibt man, nicht dem Fremden!
Tritt ein bei mir und ruhe von der Fahrt.

Jason.
Ich trau' dir nicht!

Aietes.
Warum nicht?
Ist auch rauh meine Sprache, fürchte nichts.
Laß dir's wohl sein in meinem Lande.
Liebst du den Becher? Wir haben Tranks die Fülle.
Jagd? Wildreich sind unsre Forste.
Magst du dich freun in der Weiber Umarmung?
Kolchis hat – *(Näher zu ihm tretend.)* Liebst du die Weiber?

Jason.
Eure Weiber? und doch –

Aietes.
Liebst du die Weiber?

Jason.
Kennst einen Turm du dort im nahen Walde,
Der – doch wo bin ich! Komm zur Sache König!
Gibst du das Vließ?

Aietes *(zu einem Kolcher).*
Ruf Medeen und bring' Wein!

Jason.
Noch einmal, gibst du mir das Vließ?

Aietes.
Sei ruhig!
Erst gezecht dann zum Rat, so halten wir's.

Jason.
Ich will von deinen Gaben nichts.

Aietes.

Du sollst!
Ungespeist geht keiner aus Aietes' Hause!
Sieh man kommt, laß dir's gefallen, Fremdling!

Medea kömmt verschleiert einen Becher in der Hand, mit ihr Diener die Pokale tragen.

Aietes.

Hier trink, mein edler Gast! *(Zu Medeen.)* Ist er bereitet?

Medea.

O frage nicht!

Aietes.

So geh und biet ihn an!
Erlabe dich mein Gast!

Jason.

Ich trinke nicht!
(Medea fährt beim Klang von Jasons Stimme zusammen. Sie blickt empor, erkennt ihn und tritt einige Schritte zurück.)

Aietes *(zu Jason).*

Warum nicht? *(Zu Medeen.)* Hin zu ihm. Tritt näher sag' ich!

Jason.

Was seh' ich? – Diese Kleider! – Mädchen bleib!
Dein Kleid erneuert mir ein holdes Bild
Das ich nur erst – Gib deinen Becher mir,
Ich wag's auf deine Außenseite! Gib!
(Er nimmt den Becher aus ihrer Hand.)
Ich leer' ihn auf dein Wohl!

Medea.

Halt ein!

Jason.

Was ist?

Medea.

Du trinkst Verderben!

Jason.

Wie?

Aietes.

Medea!

Jason *(indem er den Becher wegwirft).*

König
Das deine Freundschaft? Rache dir Barbar!
Doch du, wer bist du? die so sonderbar
Mit Grausamkeit vereinet Mitleids Milde?
Laß mich dich schaun! *(Er reißt ihr den Schleier ab.)* Sie ist's! Es ist dieselbe!

Aietes.

Medea fort!

Jason.

Medea heißest du?
So sprich Medea denn!

Medea.

Was willst du?

Jason.

Wie?
So mild dein Tun und rauh dein Wort, Medea?
Nur zweimal sah ich dich und beidemal
Verdank' ich dir mein Leben. Habe Dank!
Es scheint die Götter haben uns ersehn
Uns Freund zu sein, nicht Feinde, o Medea!
Noch einmal diesen Blick, o sieh nicht weg!
Schau' mir ins Aug, ich mein' es rein und gut.
(Erfaßt ihre Hand und wendet sie gegen sich.)
Laß mich in deinem Blick die Kunde lesen
(Medea entreißt ihm die Hand.)

Jason.

Halt ein!

Medea *(sich emporrichtend).*
Verwegner wagst du's? – Weh!
(Sie begegnet seinem Blicke, fährt zusammen und entflieht.)

Jason.
Medea!
(Medea ab.)
(Er eilt ihr nach.)

Aietes.
Zurück!

Jason.
Du selbst zurück, Barbar! – Medea!

Indem er ins Zelt dringen will und Aietes sich ihm abwehrend in den Weg stellt, fällt der Vorhang.

Dritter Aufzug

Das Innere von des Königs Zelte. Der hintere Vorhang desselben ist so, daß man durch denselben, ohne die draußen befindlichen Personen genau unterscheiden zu können, doch die Umrisse derselben erkennen kann.

Medea, Gora, Jungfrauen *im Zelte.* **Jason, Aietes** *und* **Alle Personen des letzten Aktschlusses** *außer demselben.*

Medea steht links im Vorgrunde aufgerichtet, die linke Hand auf einen Tisch gestützt, die Augen unbeweglich vor sich gerichtet in der Stellung einer die hört was außen vorgeht. Gora sie beobachtend auf der andern Seite des Tisches. Jungfrauen teils knieend, teils stehend um sie gruppiert. Einige **Krieger** *im Hintergrunde des Zeltes an den Seiten aufgestellt.*

Jason *(von außen).*
Ich will hinein!

Aietes *(außen).*
Zurück!

Jason.

Denkst du's zu wehren?
Vom Schwert die Hand! die Hand vom Schwerte sag' ich,
Das meine zuckt, ich kann nicht drohen sehn!
Ich will hinein! Gib Raum!

Aietes.

Zurück Verwegner!

Gora *(zu Medeen).*

Er rast der Freche!

Jason *(außen).*

Hörst du mich Medea?
Gib mir ein Zeichen wenn du hörst!

Gora.

Vernahmst du?

Jason.

Dringt bis zu dir mein Ruf, so gib ein Zeichen.
Erwählte!
(Medea, die bis jetzt unbeweglich gestanden fährt zusammen und legt die Hand auf die tiefatmende Brust.)

Jason.

Sieh, mein Arm ist offen. Komm!
(Jasons Stimme kommt immer näher.)
Ich hab' dein Herz erkannt! Erkenn' das meine
Medea komm!

Aietes.

Zurück!

Gora.

Er dringt herein!
(Medea reißt sich aus den Armen ihrer Jungfrauen los und flieht auf die andere Seite des Vorgrunds.)

Jason.

Ich rufe dir! Ich liebe dich, Medea.

Gora *(Medeen folgend).*
Hast du gehört?

Medea *(verhüllt die Augen mit der Hand).*

Gora *(dringend).*
Unglückliche das also war's?
Daher die Bewegung, daher deine Angst
O Schmach und Schande, wär' es wirklich?

Medea *(aufgerichtet, sie mit Hoheit anblickend).*
Was?

Jason *(indem er die Vorhänge des Zeltes aufreißt).*
Ich muß sie sehn! – Da ist sie! – Komm Medea!

Gora.
Er naht! Entflieh!

Medea *(zu den Soldaten im Zelte).*
Steht ihr so müßig
Braucht die Waffen, helft eurem Herrn!

Aietes *(der indes mit Jason am Eingange gerungen hat).*
Mit meinem Tod erst dringst du hinein!
(Die Soldaten im Zelte stürzen auf die Streitenden los. Jason wird weggedrängt. Die Vorhänge fallen wieder zu.)

Jason *(draußen).*
Medea! – Wohl so mag das Schwert entscheiden!

Absyrtus' Stimme.
Schwerter bloß! Hier ist das Meine!
(Waffengeklirr von außen.)

Gora.
Sie fechten! Götter stärkt der Unsern Arm!
(Medea steht wieder bewegungslos da.)

Milos Stimme *(von außen).*
Jason zurück! Wir werden übermannt
Zwölf unsre Schar und hunderte der Feinde!
Barbaren brecht ihr den geschwornen Stillstand?

Jason.
Laß sie nur kommen, ich empfange sie!

Aietes.
Haut sie nieder, weichen sie nicht!
(Das Waffengeklirr entfernt sich.)

Gora.
Die Fremden werden zurückgedrängt, die Unsern siegen!
Medea fasse dich. Dein Vater naht.

Aietes und Absyrtus kommen.

Aietes.
Wo ist sie? – Hier! Verräterin
Wagst du's zu stehn deines Vaters Blick?

Medea *(ihm entgegen).*
Nicht zu Worten ist's jetzt Zeit, zu Taten!

Aietes.
Das sagst du mir nach dem was geschehn,
Jetzt, da das Schwert noch bloß in meiner Hand?

Medea.
Nichts weiter von Vergleich, von Unterredung
Von gütlichen Vertrags fruchtlosem Versuch.
Bewaffne die Krieger, versammle die Deinen
Und jetzt auf sie hin, hin auf die Fremden
Eh sie's vermuten, eh sie sich fassen.
Hinaus mit ihnen, hinaus aus deinem Land
Rettend entführe sie ihr schnelles Schiff
Oder der Tod ihnen allen – allen!

Aietes.
Wähnst du mich zu täuschen, Betrügerin?
Wenn du sie hassest, was warfst du den Becher,
Der mir sie liefern sollte, Jason liefern sollte,
Jason – sich mir ins Antlitz. Du wendest dich ab?

Medea.
Was liegt dir an meiner Beschämung,

Rat bedarfst du, ich g e b e dir Rat.
Noch einmal also, verjag' sie die Fremden
Stoß sie hinaus aus den Marken des Reichs
Der grauende Morgen, der kommende Tag
Sehe sie nicht mehr in Kolchis' Umfang.

Aietes.
Du machst mich irre an dir, Medea.

Medea.
War ich es lange nicht, lange nicht selbst?

Aietes.
So wünschest du daß ich vertreibe die Fremden?

Medea.
Flehend, knieend bitt' ich dich drum.

Aietes.
Alle?

Medea.
Alle!

Aietes.
Alle?

Medea.
Frage mich nicht!

Aietes.
Nun wohlan denn ich waffne die Freunde!
Du gehst mit!

Medea.
Ich?

Aietes.
Seltsame, du!
Sieh ich weiß, nicht den Pfeil nur vom Bogen,
Schleuderst den Speer auch, die mächtige Lanze,
Schwingest das Schwert in kräftiger Hand.
Komm mit, wir verjagen die Feinde!

Medea.
Nimmermehr!

Aietes.
Nicht?

Medea.
Mich sende zurück
In das Innre des Landes Vater,
Tief, wo nur Wälder und dunkles Geklüft,
Wo kein Aug hindringt, kein Ohr, keine Stimme,
Wo nur die Einsamkeit und ich.
Dort will ich für dich zu den Göttern rufen
Um Beistand für dich, um Kraft, um Sieg.
Beten Vater, doch kämpfen nicht.
Wenn die Feinde verjagt, wenn kein Frevler mehr hier,
Dann komm' ich zurück und bleibe bei dir
Und pflege dein Alter sorglich und treu
Bis der Tod herankommt, der freundliche Gott
Und leise beschwichtigend, den Finger am Mund,
Auf seinem Kissen von Staub und Moos
Die Gedanken schlafen heißt und ruhn die Wünsche.

Aietes.
Du willst nicht mit und ich soll dir glauben?
Ungeratene zittre! – Jason?

Medea.
Was fragst du mich wenn du's weißt.
Oder willst du's hören aus meinem Mund
Was ich bis jetzt mir selber verbarg,
Ich mir verbarg? die Götter mir bargen.
Laß dich nicht stören die flammende Glut,
Die mir, ich fühl' es die Wangen bedeckt,
Du willst es hören und ich sag' es dir.
Ich kann nicht im Trüben ahnen und zagen
Klar muß es sein um Medea, klar!
Man sagt – und ich fühle es ist so! –
Es gibt ein Etwas in des Menschen Wesen,

Das, unabhängig von des Eigners Willen,
Anzieht und abstößt mit blinder Gewalt;
Wie vom Blitz zum Metall, vom Magnet zum Eisen,
Besteht ein Zug, ein geheimnisvoller Zug
Vom Menschen zum Menschen, von Brust zu Brust.
Da ist nicht Reiz, nicht Anmut, nicht Tugend nicht Recht
Was knüpft und losknüpft die zaub'rischen Fäden,
Unsichtbar geht der Neigung Zauberbrücke
So viel sie betraten hat keiner sie gesehn!
Gefallen muß dir was dir gefällt
So weit ist's Zwang, rohe Naturkraft:
Doch steht's nicht bei dir die Neigung zu *rufen*
Der Neigung zu *folgen* steht bei dir,
Da beginnt des Wollens sonniges Reich
Und ich will nicht *(Mit aufgehobener Hand.)* Medea will *nicht*!
Als ich ihn sah, zum erstenmale sah,
Da fühlt' ich stocken das Blut in meinen Adern,
Aus seinem Aug, seiner Hand, seinen Lippen
Gingen sprühende Funken über mich aus
Und flammend loderte auf mein Innres.
Doch verhehlt' ich's mir selbst. Erst als er's aussprach,
Aussprach in der Wut seines tollen Beginnens,
Daß er liebe – –
      Schöner Name
Für eine fluchenswerte Sache! – –
Da ward mir's klar und *darnach* will ich handeln.
Aber verlange nicht, daß ich ihm begegne,
Laß mich ihn fliehn – Schwach ist der Mensch
Auch der stärkste, schwach!
Wenn ich ihn sehe drehn sich die Sinne
Dumpfes Bangen überschleicht Haupt und Busen
Und ich bin nicht mehr, die ich bin.
Vertreib ihn, verjag' ihn, töt' ihn,
Ja, weicht er nicht, töt' ihn Vater
Den Toten will ich *schaun*, wenn auch mit Tränen schaun
Den Lebenden nicht.

Aietes.
Medea!

Medea.
Was beschließest du?

Aietes *(indem er ihre Hand nimmt).*
Du bist ein wackres Mädchen!

Absyrtus *(ihre andre Hand nehmend).*
Arme Schwester!

Medea.
Was beschließest du?

Aietes.
Wohl, du sollst zurück.

Medea.
Dank! tausend Dank! Und nun ans Werk mein Vater!

Aietes.
Absyrtus wähl' aus den Tapfern des Heers
Und geleite die Schwester nach der Felsenkluft –
Weißt du? – wo wir's aufbewahrten – das goldne Vließ!

Medea.
Dorthin? Nein!

Aietes.
Warum nicht?

Medea.
Nimmermehr!
Dorthin, an den Ort unsers Frevels?
Rache strahlet das schimmernde Vließ.
So oft ich's versuch' in die Zukunft zu schauen
Flammt's vor mir wie ein blut'ger Komet,
Droht mir Unheil, findet's mich dort!

Aietes.
Törin! Kein sichrerer Ort im ganzen Lande
Auch bedarf ich dein, zu hüten den Schatz

Mit deinen Künsten, deinen Sprüchen,
Dorthin oder mit mir!

Medea.
    Es sei, ich gehorche!
Aber einen Weg sende mich, wo kein Feind uns trifft.

Aietes.
Zwei Wege sind. Einer nah am Lager des Feindes
Der andre rauh und beschwerlich, wenig betreten,
Über die Brücke führt er am Strom, den nimm Absyrtus!
Nun geht! – Hier der Schlüssel zum Falltor
Das zur Kluft führt! Nimm ihn, Medea.

Medea.
Ich? Dem Bruder gib ihn!

Aietes.
    Dir!

Medea.
        Vater!

Aietes.
Nimm ihn, sag' ich und reize mich nicht
Deiner törichten Grillen bin ich satt.

Medea.
Nun wohl ich nehme!

Aietes.
    Lebe wohl!

Medea.
        Vater!

Aietes.
Was?
(Medea wirft sich lautschluchzend in seine Arme.)

Aietes *(weicher).*
    Törichtes Mädchen! *(Er küßt sie.)* Leb' wohl mein Kind.

Medea.
Vater auf Wieder- Wiedersehn
Auf baldiges, frohes Wiedersehn!

Aietes.
Nun ja, auf frohes Wiedersehn. *(Sie mit der Hand von sich entfernend.)* Nun geh!

Medea *(die Augen mit der Hand verhüllend).*
Leb' wohl!
(Ab mit Absyrtus.)

(Aietes bleibt nach dem Abgehen der Medea einige Augenblicke mit gesenktem Haupt hinbrütend stehen. Plötzlich rafft er sich auf blickt einige Male rasch um sich her und geht schnell ab.)

Eine waldichte Gegend an der Straße, die zum Lager der Argonauten führt.

***Jason, Milo** und **Andre Argonauten** kommen.*

Milo.
Hier laßt uns halten Freunde. Die Barbaren
Verfolgen uns nicht mehr. Der Ort hier scheint bequem
Zum Angriff so, wie zur Verteidigung.
Auch ist's der einz'ge Weg, der, seit der Sturm
Die Brücken abgerissen heute Nacht,
Vom Sitze führt des Königs nach dem Innern
Und lagern wir uns hier, so schneiden wir
Ihm jeden Hilfszug ab, den er erwartet.
Geh' einer hin zur Schar der Rückgebliebnen
Und leite sie hierher. Wir warten ihrer.
(Erster Argonaut ab.)
(Zu Jason der mit gekreuzten Armen auf und nieder geht.)
Was überdenkst du Freund?

Jason.
Gar mancherlei!

Milo.
Gesteh' ich's dir? Du hast mich überrascht

Du zeigtest eine Falte deines Innern heut
Die neu mir ist.

Jason.
Hätt' ich doch bald gesagt:
Mir auch!

Milo.
So liebst du sie denn wirklich?

Jason.
Lieben?

Milo.
Du sagtest heut es mind'stens laut genug!

Jason.
Der Augenblick entriß mir's – und gesteh!
Sie rettete mir zweimal nun das Leben.

Milo.
Wie? zweimal?

Jason.
Erst im Turm! –

Milo.
Das also war's
Was dir den Turm so teuer machte?

Jason.
Das war's.

Milo.
Ja so.

Jason.
Nun denk' dir; so vollgült'gen Anspruch
Auf meinen Dank und – Milo sie ist schön –

Milo.
Ja, doch eine Barbarin –

Jason.

Sie ist gut –

Milo.

Und eine Zauberin dazu.

Jason.

Ja wohl!

Milo.

Ein furchtbar Weib mit ihren dunkeln Augen!

Jason.

Ein herrlich Weib mit ihren dunkeln Augen!

Milo.

Und was gedenkst du nun zu tun?

Jason.

Zu tun?
Das Vließ zu holen, so mein Wort zu lösen,
Das andre aber heimzustellen jenen
Die oben walten über dir und mir.

Milo.

So mag ich's gern! Beim Zeus so denkst du recht!

*Ein **Argonaut** kommt.*

Argonaut.

Links her vom Fluß sieht man sich Staub erheben,
Ein Häuflein Feinde naht heran.

Jason.

Wie viele?

Argonaut.

An vierzig oder fünfzig, kaum wohl mehr.

Jason.

Laßt uns zurückziehn und am Weg verbergen,
Denn sähn sie uns, sie kämen nicht heran.
Verschwunden ist die Hoffnung zum Vergleich

So mögen denn die Schwerter blutig walten
Und die dort nahn, den Reihen führen an.
Zieht euch zurück, und haltet bis ich's sage.

Milo.
Nur leis und sacht, daß sie uns nicht erspähn.
(Ziehen sich alle zurück und ab.)

***Absyrtus** und **Kolchische Krieger** treten auf, **Medea** verschleiert in ihrer Mitte.*

Absyrtus.
Die Waffen haltet bereit zum Schlagen,
Leicht könnten wir treffen 'ne Feindesschar,
Der Weg hier führt vorbei an ihrem Lager.

Medea *(den Schleier zurückschlagend und vortretend).*
Am Feindeslager? Warum diesen Weg?
Warum nicht den andern, mein Bruder?

Absyrtus.
Der Sturm hat die Brücken abgerissen heut Nacht;
Jetzt erst erfuhr ich's. Aber sorge nicht!
Ich verteidige dich mit meinem Blut.
Wärst du nicht hier, ich forderte sie heraus.

Medea.
Um aller Götter willen –

Absyrtus.
    Ich sagte: wärst du nicht hier;
Aber nun, da du hier bist, tu' ich's nicht.
Nicht um den höchsten Preis, nicht um Kampf und Sieg,
Setzt' ich dich in Gefahr, meine Schwester!

Medea.
So laß uns eilig vorüberziehn.

Absyrtus.
    Kommt denn!

Jason *(hinter der Szene).*
Jetzt ist es Zeit! Greift an, ihr Freunde! *(Hervorspringend.)* Halt!

Medea *(aufschreiend).*
Er! *(Zu Absyrtus.)* Laß uns fliehen, Bruder!

Absyrtus.
Fliehen? Fechten!

Jason *(zu den andringenden Argonauten).*
Wenn sie sich widersetzen, haut sie nieder! *(Zu den Kolchern.)*
Zu Boden die Waffen!

Absyrtus.
Du selber zu Boden!
Schließt euch Gefährten! Haltet sie aus!

Medea.
Bruder! Hältst du so dein Versprechen?

Absyrtus.
Versprach ich zu fliehn so verzeihn mir die Götter,
Nicht daß ich's breche, daß ich's gab das Wort!
(Zu den Seinen).
Weicht nicht! Der Vater ist nah, er sendet uns Hilfe!

Jason *(Medeen erblickend).*
Bist du's Medea? Unverhofftes Glück!
Komm hierher!

Medea *(zu den Kolchern).*
Schützet mich!

Jason *(die sich ihm entgegenstellenden Kolcher angreifend).*
Ihr! aus dem Wege!
Eu'r Eisen hält nicht ab, zieht an den Blitzstrahl.
(Die Kolcher werden zurückgedrängt, die Griechen verfolgen sie.)

Jason.
Die Deinen fliehn. Du bist in meiner Macht!

Medea.
Du lügst! In der Götter Macht, in meiner.
Verläßt mich alles, ich selber nicht!
(Sie entreißt einem fliehenden Kolcher die Waffen und dringt mit vorgehaltenem

Schild und gesenktem Speer auf Jason ein.)
Stirb oder töte!

Jason *(indem er schonend zurückweicht).*
Medea was tust du?

Medea *(näher dringend).*
Töte oder stirb!

Jason *(mit einem Schwertstreich ihre Lanze zertrümmernd).*
Genug des Spiels!
(Das Schwert in die linke Hand nehmend, in welcher er den Schild hält.)
Was nun?

Medea.
Treulose Götter!
(Die abgebrochene Lanze samt dem Schild hinwerfend und einen Dolch ziehend.)
Noch sind mir Waffen!

Jason *(indem er Schild und Schwert von sich wirft und vor sie hintritt).*
Töte mich wenn du kannst.

Medea *(mit abgewandten Gesicht, den Dolch in der Hand).*
Kraft!

Jason *(weich).*
Töte mich Medea, wenn du kannst!

Medea *(steht erstarrt).*

Jason.
Siehst du, du kannst's nicht, du vermagst es nicht!
Und nun zu mir! Genug des Widerstrebens!
Und weigerst du's? Versuch' es wenn du kannst.
(Sie rasch anfassend und auf seinem Arm in die Höhe haltend.)
So fass' ich dich, so halt' ich dich empor
Und trage dich durch unsrer Völker Streit,
Durch Haß und Tod, durch Kampfes blut'ge Wogen.
Wer wagt's zu wehren? Wer entreißt dich mir?

Medea.
Laß mich!

Jason.

Nicht eher bis du gütig sprichst,
Nicht eher bis ein Wort, ein Wink, ein Laut
Verrät daß du mir weichst, daß du dich gibst.
(Zu ihr empor blickend und heftig schüttelnd.)
Medea, dieses Zeichen!

Medea *(leise).*

Jason! laß mich!

Jason.

»Jason!« – Da sprachst du meinen Namen aus,
Zum ersten Male aus! O holder Klang!
»Jason!« wie ist der Name doch so schön
Seit du ihn sprachst mit deinen süßen Lippen.
Hab' Dank Medea, hab' den besten Dank!
(Er hat sie auf den Boden niedergelassen.)
Medea, Jason; Jason und Medea
O schöner Einklang! Dünket dir's nicht auch?
Du zitterst! Setz' dich hier! Erhole dich!
(Er führt Medeen zu einer Rasenbank. Sie folgt ihm und sitzt mit vorhängendem Leibe, die Augen vor sich starr auf dem Boden, die Hände, in denen noch der Dolch, gefaltet im Schoße.)

Jason *(steht vor ihr).*

Noch immer stumm, noch immer trüb und düster?
O zage nicht; du bist in Freundes Hand.
Zwar geb' ich leicht dem Vater dich nicht wieder,
Ein teures Unterpfand ist mir sein Kind;
Doch soll dir's drum bei mir nicht schlimm ergehn,
Nicht schlimmer wenigstens als mir bei dir.
Wenn ich so vor dir steh' und dich betrachte,
Beschleicht mich ein fast wunderbar Gefühl.
Als hätt' des Lebens Grenz' ich überschritten
Und stünd' auf einem unbekannten Stern,
Wo anders die Gesetze alles Seins und Handelns,
Wo ohne Ursach' was geschieht und ohne Folge,
Da seiend weil es ist.

Dahergekommen durch ein wildes Meer,
Aus Ländern, so entfernt, so abgelegen,
Daß *Wünsche* kaum vorher die Reise wagten,
Auf Kampf und Streit gestellt, lang' ich hier an,
Und sehe dich und bin mit dir bekannt.
Wie eine Heimat fast dünkt mir dies fremde Land,
Und, abenteuerlich ich selbst, schau' ich
Verwundrungslos, als könnt' es so nur sein,
Die Abenteuer dieses Wunderbodens.
Und wieder, ist das Fremde mir bekannt,
So wird dafür mir, was bekannt, ein Fremdes.
Ich selber bin mir *Gegenstand* geworden,
Ein andrer denkt in mir, ein andrer handelt.
Oft sinn' ich meinen eignen Worten nach,
Wie eines Dritten, was damit gemeint,
Und kommt's zur Tat, denk' ich wohl bei mir selber,
Mich soll's doch wundern, was er tun wird und was nicht.
Ein einz'ges ist mir licht und das bist du,
Ja du Medea, scheint's auch noch so fremd.
Ich ein Hellene, du Barbarenbluts,
Ich frei und offen, du voll Zaubertrug,
Ich Kolchis' Feind, du seines Königs Kind
Und doch Medea, ach und dennoch, dennoch!
Es ist ein schöner Glaub' in meinem Land,
Die Götter hätten doppelt einst geschaffen
Ein jeglich Wesen und sodann geteilt;
Da suche jede Hälfte nun die andre
Durch Meer und Land und wenn sie sich gefunden,
Vereinen sie die Seelen, mischen sie
Und sind nun eins! – Fühlst du ein halbes Herz
Ist's schmerzlich dir gespalten in der Brust,
So komm – doch nein da sitzt sie trüb und düster,
Ein rauhes Nein auf meine milde Deutung,
Den Dolch noch immer in geschloßner Hand.
O fort!
(Ihre Hand fassend und den Dolch entwendend.)
        Laßt los ihr Finger! Bunte Kränze,

Geschmeid und Blumen ziemt euch zu berühren,
Nicht diesen Stahl, gemacht für Männerhand.

Medea *(aufspringend).*
Fort!

Jason *(sie zurückhaltend).*
Bleib!

Medea.
Von hier!

Jason.
Bleib da, ich bitte dich!
Ich sage dir: bleib da! Hörst du, du sollst!
Du sollst, beim Himmel, gält' es auch dein Leben!
Wagt es das Weib, dem Mann zu bieten Trotz?
Bleib!
(Er faßt ihre Arme mit beiden Händen.)

Medea.
Laß!

Jason.
Wenn du gehorchst, sonst nimmermehr!
(Er ringt mit der Widerstrebenden.)
Mich lüstet deines Starrsinns Maß zu kennen!

Medea *(in die Kniee sinkend).*
Weh mir!

Jason.
Siehst du? du hast es selbst gewollt.
Erkenne deinen Meister, deinen Herrn!
(Medea liegt auf einem Kniee am Boden, auf das andre stützt sie den Arm, das Gesicht mit der Hand bedeckend.)

Jason *(hinzutretend).*
Steh auf! – Du bist doch nicht verletzt? – Steh auf!
Hier sitz und ruh', *vermagst* du es zu ruhn!
(Er hebt sie vom Boden auf, sie sitzt auf der Rasenbank.)

Jason.
Umsonst versend' ich alle meine Pfeile
Rückprallend treffen sie die eigne Brust.
Wie hass' ich dieses Land, sein rauher Hauch
Vertrocknete die schönste Himmelsblume,
Die je im Garten blühte der Natur.
Wärst du in Griechenland, da wo das Leben
Im hellen Sonnenglanze heiter spielt,
Wo jedes Auge lächelt wie der Himmel,
Wo jedes Wort ein Freundesgruß, der Blick
Ein wahrer Bote wahren Fühlens ist,
Kein Haß als gegen Trug und Arglist, kein –
Und doch, was sprech ich? Sieh, ich weiß es wohl
Du bist nicht was du scheinen willst, Medea,
Umsonst verbirgst du dich, ich kenne dich!
Ein wahres, warmes Herz trägst du im Busen,
Die Wolken hier, sie decken eine Sonne.
Als du mich rettetest, als dich mein Kuß –
Erschrickst du? – Sich mich an! – Als dich mein Kuß! –
Ja deine Lippen hat mein Mund berührt,
Eh ich dich kannt', eh ich dich fast gesehn
Nahm ich mir schon der Liebe höchste Gabe;
Da fühlt' ich *Leben* mir entgegen wallen
Und du gibst trügerisch dich nun für *Stein*!
Ein wahres, warmes Herz schlägt dir im Busen
Du *liebst* Medea!
(Medea will aufspringen.)

Jason *(sie niederziehend).*
Bleib! – du liebst Medea!
Ich seh's am Sturmeswogen deiner Brust
Ich seh's an deiner Wangen Flammenglut
Ich fühl's an deines Atems heißem Wehn,
An diesem Beben fühl' ich es – du liebst,
Liebst *mich*! *Mich* wie ich *dich*! – ja wie ich *dich*!
(Er kniet vor ihr.)
Schlag deine Augen auf und leugne wenn du's kannst!

Blick' mich an und sag' nein! – du liebst Medea!
(Erfaßt ihre beiden Hände und wendet die sich Sträubende gegen sich, ihr fest ins Gesicht blickend.)

Jason.
Du weinst! Umsonst, ich kenne Mitleid nicht
Mir Aug ins Aug, und sage: nein! – du liebst!
Ich liebe dich, du mich! Sprich's aus Medea!
(Er hat sie ganz gegen sich gewendet. Ihr Auge trifft das seinige. Sie schaut ihm mit einem tiefen Blick ins Auge.)

Jason.
Dein Auge hat's gesagt, nun auch der Mund!
Sprich's aus Medea, sprich es aus: ich liebe!
Fällt dir's so schwer ich will dich's lehren, Kind.
Sprich's nach: ich liebe dich!
(Er zieht sie an sich; sie verbirgt dem Zuge folgend das Gesicht in seinen Haaren.)
        – Und noch kein Wort!
Kein Wort, obschon ich sehe, wie der Sturm
An deines Innern festen Säulen rüttelt.
Und doch kein Wort! *(Aufspringend.)* So hab' es Störrische!
Geh! Du bist frei, ich halte dich nicht mehr!
Kehr' wieder zu den Deinigen zurück,
Zu ihren Menschenopfern, Todesmahlen,
In deine Wildnis, Wilde kehr' zurück,
Geh! Du bist frei; ich halte dich nicht mehr!

Aietes *(von innen).*
Hierher, Kolcher, hierher!

Jason.
        Dein Vater naht.
Sei froh, ich weigre dich ihm nicht.

Argonauten kommen weichend.
Hinter ihnen Aietes, Absyrtus und Kolcher, die sie verfolgen.

Aietes *(auftretend).*
Braucht eure Waffen, wackre Genossen!
Wo ist mein Kind?

Absyrtus.
Dort Vater sitzt sie.

Aietes *(zu Jason).*
Verruchter Räuber, mein Kind gib mir zurück!

Jason.
Wenn du mich bittest, nicht wenn du mir drohst.
Dort ist dein Kind. Nimm sie und führ' sie heim.
Nicht weil Du willst, weil sie will und weil ich will.
(Zu Medeen hintretend und sie anfassend.)
Steh auf Medea! Komm! Hier ist dein Vater!
Du sehntest dich nach ihm; hier ist er nun.
Verhüten es die Götter, daß ich hier
Zurück dich hielte wider deinen Willen.
Was zitterst du? du hast es selbst gewollt.
(Er führt die Wankende zu ihrem Vater und gibt sie ihm in die Arme.)
Hier Vater ist dein Kind.

Aietes *(Medeen empfangend, die das Gesicht auf seiner Schulter verbirgt).*
Medea!

Absyrtus.
Schwester!

Jason.
Nun König, rüste dich zum Todeskampf!
Die Bande, die mich hielten sind gesprengt,
Zerronnen ist der schmeichelhafte Wahn,
Der mir der Tatkraft Sehnen abgespannt.
Mit ihr, die jetzo ruht in deinem Arm,
Legt' ich den Frieden ab und atme Krieg.
Auf, rüste dich, es gilt dein Heil und Leben!
(Zu Medeen.)
Du aber, die hier stumm und bebend liegt,
Das Angesicht so feindlich abgewandt,
Leb' wohl! Wir scheiden jetzt auf immerdar.
Es war ein Augenblick, wo ich gewähnt,
Du könntest fühlen, könntest mehr als hassen,

Wo ich geglaubt, die Götter hätten uns
Gewiesen an einander, dich und mich.
Das ist nunmehr vorbei. So fahre hin!
Du hast das Leben zweimal mir gerettet,
Das dank' ich dir und werd' es nie vergessen.
In ferner Heimat und nach langen Jahren
Will ich's erzählen in dem Kreis der Freunde.
Und frägt man mich und forscht: wem gilt die Träne,
Die fremd dir da im Männerauge funkelt?
Dann sprech' ich wohl in schmerzlicher Erinnrung:
Medea hieß sie; schön war sie und herrlich,
Allein ihr Busen barg kein Herz.

Aietes.
Medea
Was ist? Feucht liegt dein Gesicht auf meiner Schulter.
Weinst du?

Jason.
Du weinst? Laß mich die Tränen sehn,
O laß mich's glauben, daß du weinen kannst.
Blick' noch einmal nach mir, es ist das letztemal;
Ich will den Blick mittragen in die Ferne.
Denk' doch, es ist zum letzten- letztenmal.
(Er faßt ihre herabhängende Hand.)

Aietes.
Wagst du's, zu berühren ihre Hand?

Jason *(indem er ihre Hand fahren läßt)*.
Sie will nicht. Nun wohlan, so sei es denn!
Du siehst mich nimmermehr auf dieser Erde.
Leb' wohl Medea, leb' auf ewig wohl!
(Er geht rasch.)

Medea *(das Gesicht hinwendend und den Arm ihm nachstreckend)*.
Jason!

Jason *(umkehrend)*.
Das war's! Medea! Komm zu mir!

(Auf sie zueilend und ihre Hand fassend.)
Zu mir!

Aietes *(sie an der andern Hand haltend).*
Verwegner, fort!

Jason *(Aietes' Hand wegschleudernd und Medeen an sich reißend).*
Wagst du's Barbar!
Sie ist mein Weib!

Aietes.
Sein Weib? – Du schweigst Verworfne?

Jason *(Medeen auf die andere Seite führend).*
Hierher Medea, fort von diesen Wilden.
Von nun an bist du mein und keines Andern!

Aietes.
Medea, du weigerst dich nicht? du folgst ihm?
Stößt ihm nicht den Stahl in die frevelnde Brust?
Verruchte, war's vielleicht dein eignes Werk?
(Auf Jason eindringend.)
Meine Tochter gib mir, mein verlocktes Kind!

Medea *(sich zwischen beide werfend).*
Vater, töt' ihn nicht! Ich lieb' ihn!

Jason.
Er konnte dir's entreißen und ich nicht!

Aietes.
Schamlose! Du selbst gestehst's? Gestehst deine Schande?
O, daß ich nicht merkte die plumpe List,
Daß ich selbst sie sandte in seinen Arm,
Vertrauend der Väter Blut in ihren Adern!

Jason.
Darfst du sie schmähen?

Medea.
Höre mich Vater!
Es ist geschehn was ich fürchtete. Es ist.

Aber laß uns klar sein, Vater, klar!
In schwarzen Wirbeln dreht sich's um mich
Aber ich will hindurch, empor aus Dunkel und Nacht.
Noch läßt sich's wenden, ab sich wenden. Höre mich!

Aietes.
Was soll ich hören? Ich habe gesehn!

Medea.
Vater! Vernicht' uns nicht alle.
Löse den Zauber, beschwichtige den Sturm!
Heiß ihn dableiben, den Führer der Fremden,
Nimm ihn auf, nimm ihn an!
An deiner Seite herrsch' er in Kolchis,
Dir befreundet, dein Sohn!

Aietes.
Mein Sohn? Mein Feind.
Tod ihm, und dir, wenn du nicht folgst!
Willst du mit mir? Sprich! Willst du oder nicht?

Medea.
Höre mich.

Aietes.
Willst du, oder nicht?

Absyrtus.
Gönn' ihr zu sprechen, Vater!

Aietes.
Ja oder nein?
Laß mich Sohn! – Willst du? – Sie kommt nicht. – Schlange!
(Er holt mit dem Schwert aus.)

Jason *(sich vor sie hinstellend).*
Du sollst sie nicht verletzen!

Absyrtus *(zugleich dem Vater in den Arm fallend).*
Vater, was tust du?

Aietes.
Du hast recht. Nicht sterben soll sie, leben;
Leben in Schmach und Schande; verstoßen, verflucht,
Ohne Vater, ohne Heimat, ohne Götter!

Medea.
Vater!

Aietes.
Du hast mich betrogen, verraten.
Bleib! Nicht mehr betreten sollst du mein Haus.
Ausgestoßen sollst du sein, wie das Tier der Wildnis,
Sollst in der Fremde sterben, verlassen, allein.
Folg' ihm, dem Buhlen, nach in seine Heimat,
Teile sein Bett, sein Irrsal, seine Schmach;
Leb' im fremden Land, eine Fremde,
Verspottet, verachtet, verhöhnt, verlacht;
Er selbst, für den du hingibst Vater und Vaterland
Wird dich verachten, wird dich verspotten,
Wenn erloschen die Lust, wenn gestillt die Begier;
Dann wirst du stehn und die Hände ringen,
Sie hinüberbreiten nach dem Vaterland,
Getrennt durch weite, brandende Meere,
Deren Wellen dir murmelnd bringen des Vaters Fluch!

Medea *(knieend)*.
Vater!

Aietes.
Zurück! Ich kenne dich nicht!
Komm, mein Sohn! Ihr Anblick verpestet,
Ihre Stimme ist Todeslaut meinem Ohr.
Umklammre nicht meine Kniee, Verruchte!
Sieh ihn dort, ihn, den du gewählt;
Ihm übergeb' ich dich;
Er wird mich rächen, er wird dich strafen,
Er selber, früher als du denkst.

Medea.
Vater!

Aietes *(indem er die Knieende von sich stößt, daß sie halbliegend zurücksinkt).*
Weg deine Hand, ich kenne dich nicht!
Fort mein Sohn, mein einziges Kind!
Fort mein Sohn aus ihrer Nähe!
(Ab mit Absyrtus und Kolchern.)

Jason.
Flieh nur Barbar, der Rach' entgehst du nicht!
(Zu den Argonauten.)
Nun Freunde gilt's; die Waffen haltet fertig
Zum letzten Streich, der Sieg bringt oder Tod.
(Auf Medeen zeigend.)
Sie kennt das Vließ, den Ort, der es verbirgt,
Mit ihr vollbringen wir's und dann zu Schiff.
(Zu Medeen hintretend, die noch auf eine Hand gestützt, die andre über die Stirne gelegt am Boden liegt.)
Steh auf Medea, er ist fort. – Steh auf!
(Er hebt sie auf.)
Hier bist du sicher.

Medea *(die sich in seinen Armen aufgerichtet hat, aber mit einem Kniee noch am Boden liegt).*
Jason, sprach er wahr?

Jason *(sie ganz aufhebend).*
Denk' nicht daran!

Medea *(scheu an ihn geschmiegt).*
O Jason, sprach er wahr?

Jason.
Vergiß was du gehört, was du gesehn,
Was du gewesen bist auf diese Stunde.
Aietes' Kind ist Jasons Weib geworden,
An dieser Brust hängt deine Pflicht, dein Recht.
Und wie ich diesen Schleier von dir reiße,
Durchwoben mit der Unterird'schen Zeichen,

So reiß' ich dich von all den Banden los,
Die dich geknüpft an dieses Landes Frevel.
Hier Griechen eine Griechin! Grüßet sie!
(Er reißt ihr den Schleier ab.)

Medea *(darnach fassend).*
Der Götter Schmuck!

Jason.
Der Unterird'schen! Fort!
Frei wallt das Haar nun um die offne Stirn;
So frei und offen bist du Jasons Braut.

Nun nur noch eins und dann zu Schiff und fort.
Das Vließ, du kennst's, zeig' an mir, wo es liegt!

Medea.
Ha schweig!

Jason.
Warum?

Medea.
Sprich nicht davon!

Jason.
Mein Wort hab' ich gegeben, es zu holen
Und ohne Siegespreis kehrt Jason nicht zurück.

Medea.
Ich sage dir, sprich nicht davon!
Ein erzürnter Gott hat es gesendet,
Unheil bringt es, *hat* es gebracht!
Ich bin dein Weib! Du hast mir's entrissen,
Aus der Brust gerissen das zagende Wort,
Ich bin dein, führe mich wohin du willst
Aber kein Wort mehr von jenem Vließ!
In vorahnender Träume dämmerndem Licht
Haben mir's die Götter gezeigt
Gebreitet über Leichen,
Besprützt mit Blut,

Meinem Blut!
Sprich nicht davon!

Jason.
Ich aber muß, nicht sprechen nur davon,
Ich muß es holen, folge was da wolle.
Drum laß die Furcht und führ' mich hin zur Stelle
Daß ich vollende, was mir auferlegt.

Medea.
Ich? Nimmermehr!

Jason.
Du willst nicht?

Medea.
Nein!

Jason.
Und weigerst du mir Beistand, hol' ich's selbst.

Medea.
So geh!

Jason *(sich zum Fortgehen wendend.)*
Ich gehe.

Medea *(dumpf).*
Geh – in deinen Tod!

Jason.
Kommt Freunde, laßt den Ort uns selbst erkunden!
(Er geht.)

Medea.
Jason!

Jason *(wendet sich um).*
Was ist?

Medea.
Du gehst in deinen Tod!

Jason.
Kam ich hierher und fürchtete den Tod?

Medea *(auf ihn zueilend und seine Hand fassend).*
Ich sage dir, du stirbst.
(Halblaut.)
In der Höhle liegt's verwahrt,
Verteidigt von allen Greueln
Der List und der Gewalt.
Labyrinthische Gänge,
Sinnverwirrend,
Abgründe, trügerisch bedeckt,
Dolche unterm Fußtritt,
Tod im Einhauch,
Mord in tausendfacher Gestalt,
Und das Vließ, am Baum hängt's,
Giftbestrichen,
Von der Schlange gehütet,
Die nicht schläft,
Die nicht schont,
Unnahbar.

Jason.
Ich hab' mein Wort gegeben und ich lös' es.

Medea.
Du gehst?

Jason.
Ich geh'!

Medea *(sich ihm in den Weg werfend).*
Und wenn ich hin mich werfe
Flehend deine Kniee umfass' und rufe:
Bleib! bleib!

Jason.
Nichts hält mich ab!

Medea.
O Vater, Vater!
Wo bist du? Nimm mich mit!

Jason.
Was klagst du?
Wohl eher wär' das Recht zu klagen mir.
Ich tue was ich muß, du hast zu wählen.
Du weigerst dich und so geh' ich allein.
(Er geht.)

Medea.
Du gehst?

Jason.
Ich geh'!

Medea.
Trotz allem was ich bat,
Doch gehst du?

Jason.
Ja!

Medea *(aufspringend).*
So komm!

Jason.
Wohin?

Medea.
Zum Vließ,
Zum Tod! – Du sollst *allein* nicht sterben,
Ein Haus, Ein Leib und Ein Verderben!

Jason *(sich ihr nähernd).*
Medea!

Medea *(ausweichend).*
Die Liebkosung laß
Ich habe sie erkannt! – O Vater! Vater!
So komm, laß uns holen was du suchst;

Reichtum, Ehre,
Fluch, Tod!
In der Höhle liegt's verwahrt
Weh dir, wenn sich's offenbart!
Komm!

Jason *(ihre Hand fassend).*
Was quält dich?

Medea *(indem sie ihre Hand aufschreiend wegzieht).*
Ah! – Phryxus! – Jason!

Jason.
Um aller Götter willen!

Medea.
Komm! Komm!
(Huscht fort mit weit aufgerissenen Augen vor sich hinstarrend. Die andern folgen.)

Der Vorhang fällt.

Vierter Aufzug

Das Innere einer Höhle. Kurzes Theater. Im Vorgrunde rechts das Ende einer von oben herabführenden Treppe. In der Felsenwand des Hintergrunds ein großes, verschlossenes Tor.

Medea *(steigt, in der einen Hand einen Becher in der andern eine Fackel die Treppe herab).*
Komm nur herab! Wir sind am Ziel!

Jason *(oben, noch hinter der Szene).*
Hierher das Licht!

Medea *(die Stiege hinaufleuchtend).*
Was ist?

Jason *(mit gezogenem Schwerte auftretend und die Stiege eilig herabsteigend).*
Es strich an mir vorbei! Halt! Dort!

Medea.
Was?

Jason.
An der Pforte steht's den Eingang wehrend.

Medea *(hinleuchtend).*
Sieh, es ist nichts und niemand wehrt dir Eingang,
Wenn du nicht selbst.
(Sie setzt den Becher weg und steckt die Fackel in einen Ring am Treppengeländer.)

Jason.
Du bist so ruhig.

Medea.
Und du bist's nicht!

Jason.
Als es noch nicht begonnen
Als ich's nur wollte, bebtest du, und nun –

Medea.
Mir graut, daß du es willst, nicht daß du's tust.
Bei dir ist's umgekehrt.

Jason.
Mein Aug ist feig,
Mein Herz ist mutig. – Rasch ans Werk! – Medea!

Medea.
Was starrst du ängstlich?

Jason.
Bleicher Schatten, weiche!
Laß frei die Pforte, du hältst mich nicht ab.
(Auf die Pforte zugehend.)
Ich geh' trotz dir, durch dich zum Ziel – nun ist er fort!
Wie öffnet man das Tor?

Medea.
Ein Schwerthieb an die Platte
Dort in der Mitte öffnet es.

Jason.
Gut denn!
Du wartest meiner hier.

Medea.
Jason!

Jason.
Was noch?

Medea *(weich und schmeichelnd)*.
Geh nicht!

Jason.
Du reizest mich!

Medea.
Geh nicht o Jason!

Jason.
Hartnäckige kann nichts dich denn bewegen,
Zu opfern meinem Entschluß deinen Wahn?

Medea.
Man ehrt den Wahn auch dessen, den man liebt.

Jason.
Genug nunmehr, ich will!

Medea.
Du willst?

Jason.
Ich will.

Medea.
Und nichts vermag dagegen all mein Flehn?

Jason.
Und nichts vermag dagegen all dein Flehn.

Medea.
Und auch mein Tod nichts?
(Sie entreißt ihm durch eine rasche Bewegung das Schwert.)
Sieh! dein eignes Schwert
Gekehrt ist's gegen meine Brust. Ein Schritt noch weiter
Und vor dir liegt Medea kalt und tot.

Jason.
Mein Schwert!

Medea.
Zurück! Du ziehst's aus meiner Brust!
Kehrst du zurück?

Jason.
Nein!

Medea.
Und wenn ich mich töte?

Jason.
Beweinen kann ich dich, rückkehren nicht.
Mein Höchstes für mein Wort und wär's dein Leben!
(Auf sie zugehend.)
Gib Raum, Weib, und mein Schwert!

Medea *(indem sie ihm das Schwert gibt).*
So nimm es hin
Aus meiner Hand, du süßer Bräutigam!
Und töte dich und mich! – Ich halte dich nicht mehr!

Jason *(auf die Pforte zugehend).*
Wohlan!

Medea.
Halt! Eins noch! Willst du jetzt schon sterben?
Das Vließ, am heiligen Baum
Ein Drache hütet's, grimm,
Unverwundbar seine Schuppenhaut,
Alldurchdringend sein Eisenzahn,
Du besiegst ihn nicht.

Jason.
Ich ihn, oder er mich.

Medea.
Grausamer, Unmenschlicher!
Oder er dich! und du gehst?

Jason.
Wozu die Worte?

Medea.
Halt!
Den Becher hier nimm!
Vom Honig des Berges
Dem Tau der Nacht,
Und der Milch der Wölfin
Brauset drin gegoren ein Trank.
Setz' ihn hin wenn du eintrittst,
In der Ferne stehend.
Und der Drache wird kommen,
Nahrung suchend,
Zu schlürfen den Trank.
Dann tritt hin zum Baume
Und nimm das Vließ – Nein, nimm's nicht,
Nimm's nicht und bleib!

Jason.
Törin! Her den Trank! Gib!
(Er nimmt ihr den Becher aus der Hand.)

Medea *(um seinen Hals fallend).*
Jason! – So küss' ich dich und so, und so, und so!
Geh in dein Grab und laß auch Raum für mich!
Bleib!

Jason.
Laß mich Weib! Mir schallt ein höhrer Ruf!
(Gegen die Pforte zugehend.)
Und bärgest du des Tartarus Entsetzen,
Ich steh' dir!

(Er haut mit dem Schwerte gegen die Pforte.)

Tut euch auf, ihr Pforten! – – Ah!

(Die Pforten springen auf und zeigen eine innere schmälere Höhle, seltsam beleuchtet. Im Hintergrunde ein Baum. An ihm hängt hellglänzend das goldene Vließ. Um Baum und Vließ windet sich eine ungeheure Schlange, die beim Aufspringen der Pforte ihr in dem Laube verborgenes Haupt hervorstreckt und züngelnd vor sich hin blickt.)

(Jason fährt aufschreiend zurück und kommt wieder in den Vorgrund.)

Medea *(wild lachend).*
Bebst du? Schauert dir das Gebein?
Hast's ja gewollt, warum gehst du nicht?
Starker, Kühner, Gewaltiger!
Nur gegen mich hast du Mut?
Bebst vor der Schlange? Schlange!
Die mich umwunden, die mich umstrickt,
Die mich verderbt, die mich getötet!
Blick' hin, blick's an das Scheusal
Und geh und stirb!

Jason.
Haltet aus meine Sinne, haltet aus!
Was bebst du Herz? Was ist's mehr als sterben?

Medea.
Sterben? Sterben? Es gilt den Tod!
Geh hin mein süßer Bräutigam,
Wie züngelt deine Braut!

Jason.
Von mir weg, Weib, in deiner Raserei!
Mein Geist geht unter in des deinen Wogen!
(Gegen das Tor zu.)
Blick' nur nach mir; du findest deinen Mann!
Und wärst du zehnmal scheußlicher, hier bin ich!
(Er geht drauf los.)

Medea.
Jason!

Jason.
Hinein!

Medea.
Jason!

Jason.
Hinein!
(Er geht hinein, die Pforten fallen hinter ihm zu.)

Medea *(schreiend an die nunmehr geschlossene Pforte hinstürzend).*
Er geht! Er stirbt.

Jason *(von innen).*
Wer schloß die Pforte zu?

Medea.
Ich nicht!

Jason.
Mach' auf!

Medea.
Ich kann nicht. – Um aller Götter willen!
Setz' hin die Schale, zaudre nicht!
Du bist verloren wenn du zauderst.
– Jason! – Hörst du mich? – Setz' hin die Schale! –
Er hört mich nicht! – Er ist am Werk!
Am Werk! – Hilfe, Ihr dort oben!
Schaut herab auf uns, ihr Götter!
Doch nein, nein, schaut nicht herab
Auf die schuldige Tochter,
Der Schuldigen Gemahl;
Ich schenk' euch die Hilfe, ihr mir die Rache!
Kein Götteraug seh' es,
Dunkel hülle die Nacht
Unser Tun und uns!
Jason lebst du? – Antwort gib!
Gib Antwort! – Alles stumm
Alles tot! – Ha? – Er ist tot!
Er spricht nicht, ist tot. – tot.

(Sie sinkt an der Türe nieder.)
Liegst du mein Bräutigam? Laß Raum,
Raum für die Braut!

Jason *(inwendig, schreckhaft).*
Ah!

Medea *(aufspringend).*
Das war seiner Stimme Klang! Er lebt!
Ist in Gefahr! Zu ihm! Auf, Pforte, auf!
Wähnst du zu widerstehn? Ich spotte dein!
Auf!
(Sie reißt mit einem Zuge gewaltsam beide Torflügel auf.)

***Jason** stürzt wankend heraus, das Vließ als Banner auf einer Lanze tragend.*

Medea.
Lebst du?

Jason.
Leben? – Leben? – Ja! – Zu! zu da!
(Er schließt ängstlich die Pforte zu.)

Medea.
Und hast das Vließ?

Jason *(es weit von sich weghaltend).*
Berühr's nicht! Feuer! Feuer!
(Seine Rechte mit ausgestreckten Fingern hinhaltend.)
Sieh hier die Hand – wie ich's berührt – verbrannt!

Medea *(seine Hand nehmend).*
Das ist ja Blut!

Jason.
Blut?

Medea.
Auch am Haupte Blut.
Hast dich verletzt?

Jason.
Weiß ich's? – Nun komm! Nun komm!

Medea.
Hast du's vollführt, wie ich's gesagt?

Jason.
Ja wohl.
Die Schale stellt' ich hin, mich selber seitwärts
Und harrte schnaufend. Rufen hört' ich, doch
Nicht zu erwidern wagt' ich vor dem Tier.
Das hob sich blinkend auf und, und schon wähnt' ich
Auf mich hin schieb' es rauschend seine Ringe;
Allein der Trank war's, den das Untier suchte,
Und weit gestreckt in durstig langen Zügen
Sog, meiner nicht mehr achtend, es den Trank.
Bald, trunken oder tot lag's unbeweglich.
Ich rasch hervor vom marternden Versteck,
Zum Baum hin und das Vließ – hier ist's – Nun fort!

Medea.
So komm, und schnell!

Jason.
Als ich's vom Baume holte,
Da rauscht' es auf, wie seufzend, durch die Blätter
Und hinter mir riefs: Wehe!
Ha? – Wer ruft?

Medea.
Du selbst!

Jason.
Ich?

Medea.
Komm!

Jason.
Wohin?

Medea.
Fort!

Jason.

Fort, ja fort!
Geh du voran, ich folge mit dem Vließ
Geh nur! Geh, zaudre nicht! Voraus! Voran!
(Beide ab, die Treppe hinauf.)

Freier Platz vor der Höhle. Im Hintergrunde die Aussicht aufs Meer, die auf der rechten Seite durch einen am Ufer liegenden Hügel verdeckt wird, hinter dem, nur mit den Masten und dem Vorderteile sichtbar, das Schiff der Argonauten liegt.

***Milo, Argonauten,** teils mit Arbeiten des Einschiffens beschäftigt, teils als Wachen und ruhend gruppiert.*

Milo.

Das Schiff ist hergezogen. Gut. Doch hört!
Nicht Anker ausgeworfen! Hört ihr? *Nicht*!
Der Augenblick kann uns die Abfahrt bringen
Und ob's zum lichten Zeit dann, weiß ich nicht.
(Auf und ab gehend.)
Er kommt noch immer nicht. Daß er ihr traute!
Ich hab' ihn wohl gewarnt. Doch hört er Warnung?
Sonst ja, daheim, da horcht' er meiner Rede
Und tat auch was ihm riet mein treuer Mund
So folgsam, so ein Kind, und doch ein Mann.
Doch hier ist er verwandelt ganz und gar
Verwandelt gleich – uns allen, sagt' ich schier,
Vom gift'gen Anhauch dieses Zauberbodens.
O dieses Weib! Mir graut denk' ich an sie.
Wie sie so dastand mit den dunkeln Brauen
Gleich Wetterwolken an der finstern Stirn,
Das Augenlid gesenkt, im düstern Sinnen:
Nun hob sich's und wie Wetterleuchten fuhr
Der Blick hervor und faßt' und schlug und traf. –
Ihn traf er! – Nu die Götter mögen's wenden.

Was bringen dort die Beiden. Griechen sind's.
Ein Weib! Gebunden! Memmen ihr! – Holla!

Zwei Griechen treten auf,
Gora mit gebundenen Händen in ihrer Mitte.

Milo.
Was ist? Was bindet ihr das Weib! – Gleich löst sie!

Soldat.
Das Weib da kam an unsre Vorwacht, Herr
Und fragte nach – nu nach der Kolcherin
Die heut wir fingen.

Gora.
Kolcherin?
Ha Sklav', Medea ist's,
Des Kolcherfürsten Tochter.
Wo habt ihr sie?

Soldat.
Wir wollten sie nicht lassen, daß sie nicht
Dem Feinde Kundschaft gäb' von unsrer Lagrung
Allein sie wehrt' es und fast männlich, Herr.
Da banden wir sie, weil sie sich nicht fügte,
Und bringen sie euch her!

Milo.
Löst ihre Bande!
(Es geschieht.)

Gora.
Wo ist Medea? Wo ist mein Kind?

Milo.
Dein Kind?

Gora.
Ich hab' sie gesäugt gepflegt.
Als eine Mutter mein Kind. Wo habt ihr sie?
Sie sagen: freien Willens sei sie geblieben
Bei euch in eures Lagers Umfang;
Aber 's ist Lüge, ich kenne Medea

Ich kenne mein Kind.
Gefangen haltet ihr sie zurück.
Gebt sie heraus! Wo ist sie?

Milo.
Ganz gut kommst als Genossin du für sie
Leicht fände sie sich einsam unter Menschen.
Bringt sie ins Schiff!

Gora.
So weilt sie dort?

Milo.
Geh nur!
Zu bald wirst du sie noch erblicken! – Geh!

Gora *(die abgeführt wird).*
Ins Meer, nicht in das Schiff, wenn ihr mich täuscht. *(Ab.)*

Milo *(ihr nachschauend).*
Ha! bringen wir die wilden Tiere alle
Nach Griechenland, ich sorge, man erdrückt uns,
Die Seltenheit zu sehn! – Und Er kommt nicht!
(Man hört dumpfe Schläge unter der Erde.)
Was ist das? – Horch! – Speit auch der Boden Wunder?
Versucht's der Feind? –
(Gegen die Krieger, das Schwert ziehend.)
Holla! zur Hand!
(Die Krieger greifen nach ihren Waffen.)

Milo.
Die Erde hebt sich! – Was geschieht noch alles?

Eine Falltüre öffnet sich am Boden. ***Medea*** *steigt herauf.*

Medea.
Hier ist der Tag. *(Nachdem sie ganz heroben ist.)* Und hier die Deinen.
Ich hielt was ich versprach.

Jason *mit dem Vließ-Banner steigt auch herauf.*
Medea läßt die Falltüre nieder.

Milo *(auf ihn zueilend und seine Hand nehmend).*
Du bist es Jason!
Du!

Jason *(der mit gebeugtem Kopf dagestanden, emporblickend).*
Jason! – Wo? – Ja so! Ja, ja!
(Ihm die linke Hand reichend. In der rechten hält er das Banner.)
Freund Milo!

Milo *(im Vortreten).*
Und mit dem Vließ?

Jason *(schreckhaft sich umsehend).*
Ha! – Mit dem Vließ! – *(Es hinhaltend.)* Hier ist's!
(Sich noch einmal umsehend.)
Ein widerlicher Mantel dort, der graue
Und drein gehüllt der Mann bis an die Zähne.
(Auf ihn zugehend.)
Borg' mir den Mantel, Freund!
(Der Soldat gibt den Mantel.)
Ich kenne dich
Du bist Archytas aus Korinth. Ja, ja
Ein lust'ger Kauz, ein *Geist* mit Fleisch und Blut!
(Ihn an der Schulter anfassend.)
Mit Fleisch und Blut!
(Widerlich lachend.)
Ha! ha! – Ich dank' dir Freund!

Milo.
Wie sonderbar –

Jason *(den Mantel um das Vließ hüllend).*
Wir wollen das verhüllen,
So – und hier aufbewahren bis wir's brauchen.
(Er legt das Vließ hinter ein Felsenstück, auf das sich Medea sinnend gesetzt hat.)
Was sinnest du Medea, sinnest jetzt?
Laß uns die Überlegung aufbewahren
Als Zeitvertreib auf langer Überfahrt.

Komm her mein Weib, mir angetraut
Bei Schlangenzischen unterm Todestor.

Milo *(sich zu Medea wendend).*
Das Schiff dort birgt, was dir willkommen wohl.
Ein Weib, Medeens Pflegerin sich nennend
Ward eingebracht –

Medea.
Gora. – Zu ihr!

Jason *(rauh).*
Bleib da!
(Medea erschrocken die Hände auf Brust und Stirn legend, bleibt stehen.)

Jason *(milder).*
Ich bitte dich bleib da!
(Indem er sie zurückführt.)
Geh nicht Medea!
(Sie wirft einen scheuen Blick auf ihn.)
Entwöhne dich vom Umgang jener Wilden
Dafür an unseren gewöhne dich!
Wir sind jetzt Eins, wir müssen einig denken.

Milo.
Kommt jetzt zu Schiff!

Jason.
Ja, ja! Komm mit Medea!
Wie lau die Feinde sind! Ich hätte Lust
Zu fechten, fechten. Doch sie schlafen scheint es!

Absyrtus *(hinter der Szene).*
Hierher!

Milo.
Sie schlafen nicht.

Jason.
So besser! Schließt euch!
Zieht gegen unser Fahrzeug euch zurück.
Wir wollen unser Angedenken ihnen

Zum Abschied noch erneun auf immerdar.
(Er rafft das verhüllte Vließ auf.)
Medea, in den Kreis und zittre nicht!

Absyrtus tritt mit Kolchern auf.

Absyrtus.
Hier ist sie! Komm zu mir! Medea! Schwester!

Medea *(die bei seinem Eintritt ihm unwillkürlich einige Schritte entgegen gegangen ist, jetzt stehen bleibend).*
Wohl deine Schwester, doch Medea nicht!

Jason.
Was weilst du dort? Tritt wieder her zu uns!

Absyrtus *(mitleidig zu ihr tretend).*
So wär' es wahr denn, was sie alle sagen
Und ich nicht glauben konnte bis auf jetzt.
Du wolltest ziehen mit den fremden Männern?
Verlassen unsre Heimat, unsern Herd
Den Vater und mich Medea
Mich, der dich so liebt, du arme Schwester!

Medea *(an seinen Hals stürzend).*
O Bruder! Bruder! *(Mit tränenerstickter Stimme.)* O mein Bruder!

Absyrtus.
Nein es ist nicht wahr! – Du weinst!
Ich muß auch weinen. Doch was tut's?
Ich schäme mich der Tränen nicht Genossen
Im K a m p f will ich zeigen, was ich wert.
Weine nicht Schwester, komm mit mir!

Medea *(an seinem Halse, kaum vernehmlich).*
O könnt' ich gehn mit dir!

Jason *(hinzutretend).*
Du willst mit ihm?

Medea *(furchtsam).*
Ich?

Jason.
Du sagtest's!

Medea.
Sagt' ich etwas Bruder?
Nein, ich sagte nichts!

Absyrtus.
Wohl sagtest du's, und komm, o komm,
Ich führe dich zum Vater, er verzeiht!
Schon hat ihn mein Flehen halb erweicht;
Gewiß verzeiht er, noch ist nichts geschehn,
Die Fremden, sie fanden's noch nicht das Vließ.

Medea *(sich entsetzt aus seinen Armen losreißend).*
Nicht?
(Schaudernd.)
Sie haben's!

Jason *(indem er die Hülle von dem Vließ reißt und es hochgeschwungen vorzeigt).*
Hier!

Absyrtus.
Das Vließ!
(Zu Medeen.)
So hast du uns denn doch verraten
Geh hin in Unheil denn und in Verderben!
(Zu Jason.)
Behalt sie, doch das Vließ gib mir heraus!

Jason.
Du schwärmst mein junger Fant! Mach' dich von hinnen,
Und sag' dem Vater was du hier gesehn.
Nehm' ich die Tochter, schenk' ich ihm den Sohn!

Absyrtus.
Das Vließ!

Jason.
Ich will dein Blut nicht. Schweig und geh!

Mit Drachen ist mein Arm gewohnt zu kämpfen,
Mit Toren nicht wie Du: Geh sag' ich geh!

Absyrtus *(eindringend).*
Das Vließ.

Jason *(ausweichend).*
Mir zu begegnen ist gefährlich,
Denn ich bin grimmig wie der grimme Leu.

Absyrtus.
Das Vließ!

Jason.
So hab's!
(Er haut, über die linke Schulter ausholend mit einem grimmigen Seitenhieb auf Absyrtus, daß Helm, Schild und Schwert ihm rasselnd entfallen, er selbst aber, obschon unverwundet, taumelnd niederstürzt.)

Medea *(bei dem Fallenden auf die Kniee stürzend und sein Haupt in ihrem Schoß verbergend).*
Halt ein!

Jason.
Ich töt' ihn nicht!
Allein gehorchen muß er, *muß – gehorchen*!

Medea *(Absyrtus aufrichtend).*
Steh auf!
(Er ist aufgestanden und lehnt sich betäubt an ihre Brust.)

Medea.
Bist du verletzt?

Absyrtus *(matt).*
Es schmerzt! – Die Stirn!

Medea *(ihre Lippen auf seine Stirne pressend).*
Mein Bruder!

Milo *(der früher spähend abgegangen ist, kommt jetzt eilig zurück).*
Auf! Die Feinde nahen! Auf!
In großer Zahl, der König an der Spitze!

Medea *(ihren Bruder fester an sich drückend).*
Mein Vater!

Absyrtus *(matt).*
Unser Vater!

Jason *(zu den Beiden).*
Ihr, zurück!

Milo *(auf Absyrtus zeigend).*
Der Sohn sei Geisel gegen seinen Vater
Bringt ihn dort auf die Höh' zum Schiff hinauf!

Absyrtus *(matt die ihn Anfassenden abwehren wollend).*
Berührt ihr mich?

Medea.
O laß uns gehn, mein Bruder!
(Sie werden auf die Höhe gebracht.)

Jason.
Hinan, ins Schiff und spannt die Segel auf.

Aietes kommt mit bewaffneten Kolchern.

Aietes *(hereinstürzend).*
Haltet ein! Meine Kinder! Mein Sohn!

Absyrtus *(oben am Hügel sich loszumachen strebend).*
Mein Vater!

Jason *(den Hügel hinauf rufend).*
Haltet ihn! *(Zu Aietes.)* Er bleibt bei mir,
Folgt mir zu Schiff, als Geisel wider dich.
Wenn nur ein Kahn, ein Nachen uns verfolgt
So stürzt dein Sohn hinab ins Wellengrab!
Erst wenn erreicht ist Kolchis' letzte Spitze,
Setz' ich ihn aus und send' ihn her zu dir.
Barbar, du lehrtest mich, dich zu bekämpfen!

Aietes.
Sohn, stehst du in den Armen der Verworfnen?

Absyrtus *(fruchtlos sich loszuwinden strebend).*
Laß mich!

Medea.
  Mein Bruder! – Vater!

Jason.
    Haltet ihn!

Aietes.
Komm, Sohn!

Jason.
  Umsonst!

Aietes.
    So komm' ich, Sohn, zu dir!
Mir nach ihr Kolcher, folget eurem König!

Jason.
Zurück!

Aietes *(vordrängend).*
  Glaubst du, du schreckest mich?

Jason.
    Zurück!
Du rettest nicht den Sohn, als wenn du weichst.
Kein Haar wird ihm gekrümmt, ich schwör' es dir!
Bringt ihn an Bord!

Absyrtus *(ringend).*
  Mich? Nimmermehr!

Aietes.
    Mein Sohn!

Absyrtus.
Fall sie an, befrei' den Sohn, o Vater!

Aietes.
Kann ich's? sie töten dich, wenn ich's tue!

Absyrtus.
Lieber frei sterben, als leben gefangen
Fall' ich auch, wenn nur sie fallen mit!

Jason.
An Bord mit ihm!

Aietes.
Sohn komm!

Absyrtus *(der sich losgerissen hat).*
Ich komme Vater!
Frei bis zum Tod! Im Tode räche mich!
(Er springt von der Klippe ins Meer.)

Medea.
Mein Bruder! Nimm mich mit!
(Sie wird zurückgehalten und sinkt nieder.)

Aietes.
Mein Sohn!

Jason.
Er stirbt!
Die hohen Götter ruf' ich an zu Zeugen
Daß d u ihn hast getötet und nicht ich!

Aietes.
Mein Sohn! – Nun Rache! Rache!
(Auf Jason eindringend.)
Stirb!

Jason.
Laß mich!
Soll ich dich töten?

Aietes.
Mörder stirb!

Jason.
Ich Mörder?
Mörder du selber!

(Das Vließ einem Nebenstehenden entreißend, dem er es früher zu halten gegeben.)
Kennst du dies?

Aietes *(schreiend zurücktaumelnd).*
Das Vließ!

Jason *(es ihm vorhaltend).*
Kennst du's?
Und kennst du auch das Blut, das daran klebt?
's ist Phryxus' Blut! – Dort deines Sohnes Blut!
Du Phryxus' Mörder, Mörder deines Sohns!

Aietes.
Verschling mich Erde! Gräber tut euch auf.
(Stürzt zur Erde.)

Jason.
Zu spät, sie decken deinen Frevel nicht.
Als Werkzeug einer höheren Gewalt
Steh' ich vor dir. Nicht zittre für dein Leben,
Ich will nicht deinen Tod; ja stirb erst spät,
Damit noch fernen Enkeln kund es werde,
Daß sich der Frevel rächt auf dieser Erde.
Nun rasch zu Schiff, die Segel spannet auf
Zurück ins Vaterland!

Aietes *(an der Erde).*
Weh mir weh
Legt mich ins Grab zu meinem Sohn!

Indem die Kolcher sich um den König gruppieren und Jason mit den Argonauten das Schiff besteigt fällt der Vorhang.

Medea

Trauerspiel in fünf Aufzügen

Personen:

Kreon, *König von Korinth*

Kreusa , *seine Tochter*

Jason

Medea

Gora , *Medeens Amme*

Ein Herold der Amphiktyonen

Ein Landmann

Diener *und* **Dienerinnen**

Medeens Kinder

Erster Aufzug

Vor den Mauern von Korinth. Links im Mittelgrunde ein Zelt aufgeschlagen. Im Hintergrunde das Meer, an dem sich auf einer Landspitze ein Teil der Stadt hinzieht. Früher Morgen noch vor Tages Anbruch. Dunkel.

Ein Sklave steht rechts im Vorgrunde in einer Grube, mit der Schaufel grabend und Erde auswerfend. Medea auf der andern Seite, vor ihr eine schwarze, seltsam mit Gold verzierte Kiste, in welche sie mancherlei Gerät während des Folgenden hineinlegt.

Medea.
Bist du zu Ende?

Sklave.
Gleich, Gebieterin!

(Gora tritt aus dem Zelte und bleibt in der Entfernung stehen.)

Medea.
Zuerst den Schleier und den Stab der Göttin;
Ich werd euch nicht mehr brauchen, ruhet hier.
Die Zeit der Nacht, der Zauber ist vorbei
Und was geschieht, ob Schlimmes oder Gutes,
Es muß geschehn am offnen Strahl des Lichts.
Dann dies Gefäß: geheime Flammen birgt's,
Die den verzehren, der's unkundig öffnet;
Dies andere, gefüllt mit gähem Tod;
Hinweg ihr aus des heitern Lebens Nähe!
Noch manches Kraut, manch dunkel-kräft'ger Stein,
Der ihr entsprangt, der Erde geb ich euch.
(Aufstehend.)
So. Ruhet hier verträglich und auf immer!
Das Letzte fehlt noch und das Wichtigste.

(Der Sklave, der unterdes aus der Grube heraufgestiegen ist und sich hinter Medeen, das Ende ihrer Beschäftigung abwartend, gestellt hat, greift jetzt, um zu helfen, nach einem, an einer Lanze befestigten, Verhülltem, das an einem Baume hinter Medeen lehnt; die Hülle fällt auseinander, das Banner mit dem Vliese leuchtet strahlend hervor.)

Sklave *(das Banner anfassend).*
Ist's dieses hier?

Medea.
Halt ein! Enthüll es nicht! –
Laß dich noch einmal schaun, verderblich Gastgeschenk!
Du Zeuge von der Meinen Untergang,
Besprützt mit meines Vaters, Bruders Blut,
Du Denkmal von Medeens Schmach und Schuld.
(Sie tritt mit dem Fuße auf den Schaft, daß er entzweibricht.)
So brech ich dich und senke dich hinab
In Schoß der Nacht, dem dräuend du entstiegen.
(Sie legt das gebrochene Banner zu dem andern Gerät in die Kiste und schließt den Deckel.)

Gora *(vortretend).*
Was tust du hier?

Medea *(umblickend).*
Du siehst's.

Gora.
Vergraben willst du
Die Zeichen eines Dienstes, der Schutz dir gab
Und noch dir geben kann?

Medea.
Der Schutz mir gab?
Weil mehr nicht Schutz er gibt, als er mir gab,
Vergrab ich sie. Ich bin geschützt genug.

Gora.
Durch deines Gatten Liebe?

Medea *(zum Sklaven).*
Bist du fertig?

Sklave.
Gebiet'rin ja!

Medea.
So komm!

(Sie faßt die Kiste bei einer Handhabe, der Sklave bei der andern, und so tragen beide sie zur Grube.)

Gora *(von ferne stehend).*
O der Beschäftigung
Für eines Fürsten fürstlich hohe Tochter!

Medea.
Scheint's dir für mich zu hart, was hilfst du nicht?

Gora.
Jasons Magd bin ich, nicht die deine;
Seit wann dient eine Sklavin der andern?

Medea *(zum Sklaven).*
Jetzt senk sie ein und wirf die Erde zu!

(Der Sklave läßt die Kiste in die Grube hinab und wirft mit der Schaufel Erde darüber. Medea kniet dabei.)

Gora *(im Vorgrunde stehend).*
O laßt mich sterben, Götter meines Landes,
Damit ich nicht mehr sehn muß was ich sehe!
Doch vorher schleudert euren Rachestrahl
Auf den Verräter, der uns dies getan!
Laßt mich ihn sterben sehn, dann tötet mich!

Medea.
Es ist getan. Nun stampf den Boden fest
Und geh! Ich weiß, du wahrest mein Geheimnis,
Du bist ein Kolcher und ich kenne dich.

(Der Sklave geht.)

Gora *(mit grimmigen Hohn nachrufend).*
Verrat's nicht eurem Herrn, sonst weh euch beiden! –
Hast du vollendet?

Medea *(zu ihr tretend).*
Ja. – Nun bin ich ruhig.

Gora.
Und auch das Vlies vergrubst du?

Medea.
Auch das Vlies.

Gora.
So ließt ihr es in Jolkos nicht zurück
Bei deines Gatten Ohm?

Medea.
Du sahst es hier.

Gora.
Es blieb dir also und du vergrubst es
Und so ist's abgetan und aus!

Weggehaucht die Vergangenheit,
Alles Gegenwart, ohne Zukunft.
Kein Kolchis gab's und keine Götter sind,
Dein Vater lebte nie, dein Bruder starb nicht:
Weil du's nicht denkest mehr, ist's nie gewesen!
So denk denn auch, du seist nicht elend, denk
Dein Gatte, der Verräter, liebte dich;
Vielleicht geschieht es!

Medea *(heftig)*.
Gora!

Gora.
Was?
Meinst du ich schwiege?
Die Schuldige mag schweigen und nicht ich!
Hast du mich hergelockt aus meiner Heimat
In deines trotz'gen Buhlen Sklaverei,
Wo ich, in Fesseln meine freien Arme,
Die langen Nächte kummervoll verseufze,
Und jeden Morgen zu der neuen Sonne
Mein graues Haar verfluch und meines Alters Tage,
Ein Ziel des Spotts, ein Wegwurf der Verachtung,
An allem Mangel leidend als an Schmerz,
So mußt du mich auch hören, wenn ich rede.

Medea.
So sprich!

Gora.
Was ich vorhergesagt, es ist geschehen!
Kaum ist's ein Mond, daß euch das Meer von sich stieß,
Unwillig, den Verführer, die Verführte,
Und schon flieht euch die Welt, folgt euch der Abscheu.
Ein Greuel ist die Kolcherin dem Volke,
Ein Schrecken die Vertraute dunkler Mächte,
Wo du dich zeigst weicht alles scheu zurück
Und flucht dir. Mög' der Fluch sie selber treffen!
Auch den Gemahl, der Kolcherfürstin Gatten,

Sie hassen ihn um dein-, um seinetwillen.
Der Oheim schloß die Tür ihm seines Hauses,
Die eigne Vaterstadt hat ihn verbannt,
Als jener Oheim starb, man weiß nicht wie,
Kein Haus ist ihm, kein Ruhplatz, keine Stätte:
Was denkst du nun zu tun?

Medea.
Ich bin sein Weib!

Gora.
Und denkest nun zu tun?

Medea.
Zu folgen ihm
In Not und Tod.

Gora.
In Not und Tod, ja wohl!
Aietes' Tochter in ein Bettlerhaus!

Medea.
Laß uns die Götter bitten um ein einfach Herz,
Gar leicht erträgt sich dann ein einfach Los!

Gora *(grimmig lachend).*
Haha! Und dein Gemahl?

Medea.
Es tagt. Komm fort!

Gora.
Weichst du mir aus? Ha, du entgehst mir nicht!
Der einz'ge lichte Punkt in meinem Jammer
Ist, daß ich seh, an unserm Beispiel seh,
Daß Götter sind und daß Vergeltung ist.
Bewein dein Unglück und ich will dich trösten,
Allein verkennen sollst du's frevelnd nicht
Und leugnen die Gerechtigkeit da droben,
Da du die Strafe leugnest, deinen Schmerz.

Auch muß ein Übel klar sein, will man's heilen!
Dein Gatte, sprich! ist er derselbe noch?

Medea.
Was sonst?

Gora.
O spiel mit Worten nicht!
Ist er derselbe, der dich stürmend freite,
Der, dich zu holen, drang durch hundert Schwerter,
Derselbe, der auf langer Überfahrt,
Den Widerstand besiegte der Betrübten,
Die sterben wollte, Nahrung von sich weisend,
Und sie nur allzuschnell bezwang mit seiner Glut?
Ist er derselbe noch? Ha bebst du? Bebe!
Ihm graut vor dir, er scheut dich, flieht dich, haßt dich,
Wie du die Deinen, so verrät er dich!
Grab ein, grab ein die Zeichen deiner Tat,
Die Tat begräbst du nicht!

Medea.
Schweig!

Gora.
Nein!

Medea *(sie hart am Arm anfassend).*
Schweig, sag ich! –
Was rasest du in deiner tollen Wut?
Laß uns erwarten was da kommt, nicht rufen.
So wär' denn immer da, was einmal dagewesen
Und alles Gegenwart? – Der Augenblick,
Wenn er die Wiege einer Zukunft ist
Warum nicht auch das Grab einer Vergangenheit?
Geschehen ist, was nie geschehen sollte,
Und ich bewein's und bittrer als du denkst,
Doch soll ich drum, ich selbst, mich selbst vernichten?
Klar sei der Mensch und einig mit der Welt!
In andre Länder, unter andre Völker

Hat uns ein Gott geführt in seinem Zorn,
Was recht uns war daheim, nennt man hier unrecht,
Und was erlaubt, verfolgt man hier mit Haß;
So laß uns denn auch ändern Sitt' und Rede
Und dürfen wir nicht sein mehr was wir wollen,
So laß uns, was wir können mind'stens sein.
Was mich geknüpft an meiner Väter Heimat
Ich hab es in die Erde hier versenkt;
Die Macht, die meine Mutter mir vererbte,
Die Wissenschaft geheimnisvoller Kräfte,
Der Nacht, die sie gebar, gab ich sie wieder
Und schwach, ein schutzlos, hilfbedürftig Weib
Werf ich mich in des Gatten offne Arme;
Er hat die Kolcherin gescheut, die Gattin
Wird er empfangen, wie's dem Gatten ziemt.
Der Tag bricht an – mit ihm ein neues Leben!
Was war, soll nicht mehr sein; was ist, soll bleiben!
Du aber milde, mütterliche Erde
Verwahre treu das anvertraute Gut.

(Sie gehen auf das Zelt zu; es öffnet sich und Jason tritt heraus mit einem korinthischen Landmann, hinter ihm ein Sklave.)

Jason.
Sprachst du den König selbst?

Landmann.
Jawohl, o Herr!

Jason.
Was sagtest du?

Landmann.
Es harre jemand außen,
Ihm wohlbekannt und gastbefreundet zwar,
Doch der nicht eher trete bei ihm ein,
Umringt von Feinden, von Verrat umstellt,
Bis er ihm Fried' gelobt und Sicherheit.

Jason.
Und seine Antwort?

Landmann.
Er wird kommen, Herr!
Ein Fest Poseidons feiern sie hier außen,
Am offnen Strand des Meeres Opfer bringend,
Der König folgt dem Zug mit seiner Tochter,
Da, im Vorübergehen, spricht er dich.

Jason.
So, es ist gut! Hab Dank!

Medea *(hinzutretend).*
Sei mir gegrüßt!

Jason.
Du auch. *(Zum Sklaven.)* Ihr aber geht, du und die andern,
Und brechet grüne Zweige von den Bäumen,
Wie's Brauch hier Landes bei den Flehenden.
Und haltet ruhig euch und, still. Hörst du?
Genug!

(Der Landmann und der Sklave gehen.)

Medea.
Du bist beschäftigt?

Jason.
Ja.

Medea.
Du gönnst
Dir keine Ruh'!

Jason.
Ein Flüchtiger und Ruh'?
Weil er nicht Ruh' hat ist er eben flüchtig.

Medea.
Du schliefst nicht heute nacht, du gingst hinaus
Und walltest einsam durch die Finsternis.

Jason.
Ich lieb die Nacht, der Tag verletzt mein Aug'.

Medea.
Auch sandtest Boten du zum König hin;
Nimmt er uns auf?

Jason.
Erwartend weil ich hier.

Medea.
Er ist dir freund.

Jason.
Er war's.

Medea.
Willfahren wird er.

Jason.
Verpesteter Gemeinschaft weicht man aus. –
Du weißt ja doch, daß alle Welt uns flieht
Daß selbst des falschen Pelias, meines Oheims, Tod,
Des Frevlers, den ein Gott im Grimm erwürgte,
Daß mir das Volk ihn Schuld gibt, deinem Gatten,
Dem Heimgekehrtem aus dem Zauberlande?
Weißt du es nicht?

Medea.
Ich weiß.

Jason.
Wohl Grunds genug,
Zu wandeln und zu wachen in der Nacht! –
Doch was trieb dich schon vor der Sonn' empor?
Was suchst du in der Finsternis? – Ei ja!
Riefst alte Freund' aus Kolchis?

Medea.
Nein.

Jason.

Gewiß nicht?

Medea.

Ich sagte: nein.

Jason.

Ich aber sage dir,
Du tust sehr wohl wenn du es unterläßt!
Brau nicht aus Kräutern Säfte, Schlummertrank,
Sprich nicht zum Mond, stör nicht die Toten,
Man haßt das hier und ich – ich haß es auch!
In Kolchis sind wir nicht, in Griechenland,
Nicht unter Ungeheuern, unter Menschen!

Allein ich weiß, du tust's von nun nicht mehr,
Du hast's versprochen und du hältst es auch.
Der rote Schleier da auf deinem Haupt,
Er rief vergangne Bilder mir zurück.
Warum nimmst du die Tracht nicht unsers Landes?
Wie ich ein Kolcher war auf Kolchis' Grund,
Sei eine Griechin du in Griechenland.
Wozu Erinnrung suchen des Vergangnen?
Von selbst erinnert es sich schon genug!

(Medea nimmt schweigend den Schleier ab und gibt ihn Goran.)

Gora *(halbleise).*

Verachtest du dein Land um seinetwillen?

Jason *(erblickt Gora).*

Du auch hier? – Dich haß ich vor allen, Weib!
Beim Anblick dieses Augs und dieser Stirn,
Steigt Kolchis' Küste dämmernd vor mir auf.
Was drängst du dich in meines Weibes Nähe?
Geh fort!

Gora *(murrend).*

Warum?

Jason.

Geh fort!

Medea.

Ich bitt dich, geh!

Gora *(dumpf)*.
Hast mich gekauft? daß du mir sprichst als Herr?

Jason.
Die Hand zuckt nach dem Schwert. Geh weil's noch Zeit ist;
Mich hat's schon oft gelüstet, zu versuchen,
Ob deine Stirn so hart ist, als sie scheint.

(Medea führt die Widerstrebende begütigend fort.)

Jason *(der sich auf einen Rasensitz niedergeworfen hat, auf die Brust schlagend)*.
Zerspreng dein Haus, und mach dir brechend Luft!

Da liegen sie, die Türme von Korinth,
Am Meeresufer üppig hingelagert,
Die Wiege meiner goldnen Jugendzeit!
Dieselben, von derselben Sonn' erleuchtet,
Nur ich ein andrer, ich in mir verwandelt.
Ihr Götter! warum war so schön mein Morgen,
Wenn ihr den Abend mir so schwarz bestimmt.
O wär' es Nacht!

(Medea hat die Kinder aus dem Zelte geholt und führt sie an der Hand vor Jason.)

Medea.
Hier sind zwei Kinder,
Die ihren Vater grüßen. *(Zu dem Knaben.)* Gib die Hand!
Hörst du? Die Hand!

(Die Kinder stehen scheu seitwärts.)

Jason *(die Hand schmerzlich nach der Gruppe hinbreitend)*.
Das also wär' das Ende?
Von trotz'gen Wilden Vater und Gemahl!

Medea *(zu dem Kinde)*.
Geh hin!

Knabe.
Bist du ein Grieche, Vater?

Jason.
Und warum?

Knabe.
Es schilt dich Gora einen Griechen!

Jason.
Schilt?

Knabe.
Es sind betrügerische Leut' und feig.

Jason *(zu Medea).*
Hörst du?

Medea.
Es macht sie Gora wild. Verzeih ihm!
(Sie kniet bei den Kindern nieder und spricht ihnen wechselweise ins Ohr.)

Jason.
Gut! Gut! *(Er ist aufgestanden.)* Da kniet sie, die Unselige
Und trägt an ihrer Last und an der meinen.
(Auf und ab gehend.)
Die Kinder; laß sie jetzt und komm zu mir!

Medea.
Geht nur und seid verträglich. Hört ihr?

(Die Kinder gehen.)

Jason.
Halt mich für hart und grausam nicht, Medea!
Glaub mir, ich fühl dein Leid so tief als meines.
Getreulich wälzest du den schweren Stein,
Der rück sich rollend immer wiederkehrt
Und jeden Pfad versperrt und jeden Ausweg.
Hast *du's* getan? hab' *ich's*? – Es ist *geschehn*.
(Eine ihrer Hände fassend und mit der andern über ihre Stirne streichend.)
Du liebst mich. Ich verkenn es nicht Medea;

Nach deiner Art zwar – dennoch liebst du mich,
Nicht bloß der Blick, mir sagt's so manche Tat.
(Medea lehnt ihre Stirn an seine Schulter.)
Ich weiß, dein Haupt ist schwer von manchem Leid
Und Mitleid regt sich treulich hier im Busen.
Drum laß uns reif und sorglich überlegen
Wie wir entfernen, was so nah uns droht.
Die Stadt hier ist Korinth. In frührer Zeit,
Als ich, ein halb gereifter Jüngling noch,
Vor meines Oheims wildem Grimme floh,
Nahm mich der König dieses Landes auf,
Ein Gastfreund noch von meinen Vätern her
Und wahrte mein, wie eines teuern Sohns.
In seinem Hause lebt' ich sicher manches Jahr.
Nun auch –

Medea.
Du schweigst?

Jason.
Nun auch, da mich die Welt,
Verstößt, verläßt, in blindem Grimm verfolgt,
Nun auch hoff ich von diesem König Schutz:
Nur eines fürcht ich und nicht ohne Grund.

Medea.
Was ist's?

Jason.
Mich nimmt er auf, ich weiß es wohl,
Und auch die Kinder, denn sie sind die Meinen,
Nur dich –

Medea.
Nimmt er die Kinder, weil sie dein,
Behält er als die Deine wohl auch mich.

Jason.
Hast du vergessen, wie's daheim erging,
In meiner Väter Land, bei meinem Ohm,

Als ich zuerst von Kolchis dich gebracht?
Vergessen jenen Hohn, mit dem der Grieche
Herab auf die Barbarin sieht, auf – dich?
Nicht jedem ist wie mir bekannt dein Wesen,
Nicht jedem bist du Weib und Mutter seiner Kinder,
Nicht jeder war in Kolchis, so wie ich.

Medea.
Der Schluß der herben Rede, welcher ist's?

Jason.
Es ist des Menschen höchstes Unglück dies:
Daß er bei allem was ihn trifft im Leben
Sich still und ruhig hält, *bis* es *geschehn*
Und *wenn's* geschehen, nicht. Das laß uns meiden.
Ich geh zum König, wahre meines Rechts
Und rein'ge vom Verdacht mich, der uns trifft;
Du aber mit den Kindern bleib indes
Fern von der Stadt verborgen, bis –

Medea.
Bis wann?

Jason.
Bis – Was verhüllst du dich?

Medea.
Ich weiß genug.

Jason.
Wie deutest du so falsch, was ich gesagt!

Medea.
Beweise mir, daß ich es falsch gedeutet.
Der König naht – sprich, wie dein Herz dir's heißt.

Jason.
So stehen wir dem Sturm, bis er uns bricht.

(Gora tritt mit den Kindern aus dem Zelte. Medea stellt sich zwischen die Knaben und bleibt anfangs beobachtend in der Ferne.)

(Der König tritt auf mit seiner Tochter, von Knaben und Mädchen begleitet, die Opfergerät tragen.)

König.
Wo ist der Fremde? – Ahnend sagt mein Herz
Er ist es, der Verbannte, der Vertriebne –
Der Schuldige vielleicht. – Wo ist der Fremde?

Jason.
Hier bin ich, und gebeugt tret ich vor dich;
Kein Fremder zwar, doch nur zu sehr entfremdet.
Ein Hilfesuchender, ein Flehender.
Von Haus und Herd vertrieben, ausgestoßen
Fleh ich zum Gastfreund um ein schützend Dach.

Kreusa.
Fürwahr er ist's! Sieh Vater es ist Jason!
(Einen Schritt ihm entgegen.)

Jason *(ihre Hand fassend).*
Ich bin es, so wie du es bist, Kreusa,
Dieselbe noch, in heitrer Milde strahlend.
O führe mich zu deinem Vater hin,
Der ernst dort steht, den Blick mir zugewandt
Und zögert mit dem Gegengruß, ich weiß nicht
Ob Jason zürnend oder seiner Schuld.

Kreusa *(Jason an der Hand, ihrem Vater entgegentretend).*
Sieh Vater, es ist Jason!

König.
Sei gegrüßt!

Jason.
Dein Ernst zeigt mir den Platz, der mir geziemt.
Hin werf ich mich vor dir und faß dein Knie,
Und nach dem Kinne streck ich meinen Arm;
Gewähre was ich bat, gib Schutz und Zuflucht!

König.
Steh auf!

Jason.
Nicht eher bis –

König.
Ich sage dir, steh auf!

(Jason steht auf.)

König.
So kehrtest du vom Argonautenzug?

Jason.
Kaum ist's ein Mond daß mich das Land empfing.

König.
Den Preis des Zugs, du brachtest ihn mit dir?

Jason.
Er ward dem Oheim, der die Tat gebot.

König.
Und warum fliehst du deiner Väter Stadt?

Jason.
Sie trieb mich aus; verbannt bin ich und schutzlos.

König.
Des Bannes Ursach' aber, welche war's?

Jason.
Verruchten Treibens klagte man mich an!

König.
Mit Recht, mit Unrecht? dies sag mir vor allem!

Jason.
Mit Unrecht, bei den Göttern schwör ich es!

König *(ihn rasch bei der Hand fassend und vorführend).*
Dein Oheim starb?

Jason.
Er starb.

König.

Und wie?

Jason.

Nicht durch mich!
So wahr ich leb und atme, nicht durch mich!

König.
Doch sagt's der Ruf und streut's durchs ganze Land.

Jason.
So lügt der Ruf, das ganze Land mit ihm.

König.
Der einzelne will Glauben gegen alle?

Jason.
Der eine den du kennst, gen alle die dir fremd.

König.
Wie aber fiel der König?

Jason.

Seine Kinder,
Sein eigen Blut hob gegen ihn die Hand.

König.
Entsetzlich. Sprichst du wahr?

Jason.

Die Götter wissen's!

König.
Kreusa naht, sprich nicht davon vor ihr,
Gern spar ich ihr den Schmerz ob solchem Greuel.
(Laut.) Ich weiß genug für jetzt, das andre später:
Solang ich kann, glaub ich an deinen Wert.

Kreusa *(hinzutretend).*
Hast, Vater, ihn gefragt? Nicht wahr? Es ist nicht?

König.
Tritt nur zu ihm, du kannst es ohne Scheu.

Kreusa.
Du hast gezweifelt, weißt du? Niemals ich,
In meiner Brust, im eignen Herzen fühlt' ich's,
Es sei nicht wahr, was sie von ihm erzählten:
Er war ja gut; wie tat er denn so schlimm?
O wüßtest du, wie alle von dir sprachen.
So arg, so schlimm. Ich hab geweint, daß Menschen
So böse, so verleumd'risch können sein.
Du warst kaum fort, da scholl's im ganzen Lande
Von gräßlich wilden Taten, die geschehn,
In Kolchis ließen sie dich Greuel üben,
Zuletzt verbanden sie als Gattin dir
Ein gräßlich Weib, giftmischend, vatermörd'risch.
Wie hieß sie? – Ein Barbarenname war's –

Medea *(mit ihren Kindern vortretend).*
Medea!
Ich bin's!

König.
Ist sie's?

Jason *(dumpf).*
Sie ist's.

Kreusa *(an den Vater gedrängt).*
Entsetzen!

Medea *(zu Kreusen).*
Du irrst; den Vater hab ich nicht getötet;
Mein Bruder fiel, doch frag ihn, ob durch mich?
(Auf Jason deutend.)
Auf Tränke, Heil bereitend oder Tod
Versteh ich mich und weiß noch manches andre,
Allein ein Ungeheuer bin ich nicht
Und keine Mörderin.

Kreusa.
O gräßlich! Gräßlich!

König.
Und sie dein Weib?

Jason.
Mein Weib.

König.
Die Kleinen dort –

Jason.
Sind meine Kinder.

König.
Unglückseliger!

Jason.
Ich bin's. – Ihr Kinder kommt mit euren Zweigen,
Reicht sie dem König dar und fleht um Schutz!
(Sie an der Hand hinführend.)
Hier sind sie, Herr, du wirst sie nicht verstoßen!

Knabe *(den Zweig hinhaltend).*
Da nimm!

König *(die Hände auf ihre Häupter legend).*
Du arme, kleine, nestentnommne Brut!

Kreusa *(zu den Kindern niederkniend).*
Kommt her zu mir, ihr heimatlosen Waisen,
Wie frühe ruht das Unglück schon auf euch;
So früh und ach, so unverschuldet auch.
Du siehst wie sie – du hast des Vaters Züge.
(Sie küßt das Kleinere.)
Bleibt hier, ich will euch Mutter, Schwester sein!

Medea.
Was nennst du sie verwaist und klagst darob?
Hier steht ihr Vater, der sie Seine nennt
Und keiner andern Mutter braucht's, solange
Medea lebt. *(Zu den Kindern.)* Hierher zu mir! Hierher!

Kreusa *(zu ihrem Vater emporblickend).*
Laß ich sie hin?

König.
Sie ist die Mutter.

Kreusa *(zu den Kindern).*
Geht zur Mutter!

Medea.
Was zögert ihr?

Kreusa *(zu den Kindern die sie um den Hals gefaßt haben).*
Die Mutter ruft. Geht hin!

(Die Kinder gehen.)

Jason.
Und was entscheidest du?

König.
Ich hab's gesagt.

Jason.
Gewährst du Schutz mir?

König.
Ja.

Jason.
Mir und den Meinen?

König.
Ich habe *dir* ihn zugesagt. – So folge!
Zuerst zum Opfer und sodann ins Haus.

Jason *(zum Fortgehen gewendet, zu Kreusen).*
Gönnst du mir deine Hand wie sonst, Kreusa?

Kreusa.
Kannst du sie doch nicht fassen so wie sonst.

Medea.
Sie gehn und lassen mich allein. Ihr Kinder
Kommt her zu mir, umschlingt mich! Fester! Fester!

Kreusa *(umkehrend, vor sich hin sprechend).*
Noch eine fehlt. Warum folgt sie uns nicht?
(Zurückkommend, aber in einiger Entfernung von Medeen stehend.)
Du gehst nicht mit zum Opfer, nicht ins Haus?

Medea.
Die Ungeladnen weist man vor die Tür.

Kreusa.
Allein mein Vater bot dir Herd und Dach.

Medea.
Ganz anders klang, was ich von euch vernahm.

Kreusa *(nähertretend).*
Beleidigt hab ich dich. Ich weiß. Verzeih!

Medea *(sich rasch gegen sie kehrend).*
O holder Klang! – Wer sprach das milde Wort?
Sie haben mich beleidigt oft und tief,
Doch keiner fragte noch, ob's weh getan?
Hab Dank! und wenn du einst in Jammer bist, wie ich,
Gönn' dir ein Frommer, wie du's mir gegönnt,
Ein sanftes Wort und einen milden Blick.
(Sie will ihre Hand fassen, Kreusa weicht scheu zurück.)
O weich nicht aus! Die Hand verpestet nicht.
Ein Königskind, wie du, bin ich geboren,
Wie du ging einst ich auf der ebnen Bahn
Das Rechte blind erfassend mit dem Griff.
Ein Königskind wie du, bin ich geboren,
Wie du vor mir stehst, schön und hell und glänzend,
So stand auch ich einst neben meinem Vater,
Sein Abgott und der Abgott meines Volks.
O Kolchis! o du meiner Väter Land!
Sie nennen dunkel dich, mir scheinst du hell!

Kreusa *(ihre Hand lassend).*
Du Arme!

Medea.
Du blickst fromm und mild und gut
Und bist's auch wohl; doch hüte, hüte dich!
Der Weg ist glatt, *ein* Tritt genügt zum Fall!
Weil du in leichtem Kahn den Strom hinabgeglitten,
Dich haltend an des Ufers Blütenzweigen,
Von Silberwellen hin und her geschaukelt,
So hältst du dich für eine Schifferin?
Dort weiter draußen braust das Meer
Und wagst du dich vom sichern Ufer ab,
Reißt dich der Strom in seine grauen Weiten.
Du blickst mich an? Du schauderst jetzt vor mir.
Es war 'ne Zeit, da hätt' ich selbst geschaudert,
Hätt' ich ein Wesen mir gedacht, gleich mir!
(Sie verbirgt ihr Gesicht an Kreusens Halse.)

Kreusa.
Sie ist nicht wild. Sieh Vater her, sie weint.

Medea.
Weil eine Fremd' ich bin, aus fernem Land
Und unbekannt mit dieses Bodens Bräuchen,
Verachten sie mich, sehn auf mich herab,
Und eine scheue Wilde bin ich ihnen,
Die Unterste, die Letzte aller Menschen,
Die ich die Erste war in meiner Heimat.
Ich will ja gerne tun was ihr mir sagt,
Nur sagt mir was ich tun soll, statt zu zürnen.
Du bist, ich seh's, von sittig mildem Wesen,
So sicher deiner selbst und eins mit dir;
Mir hat ein Gott das schöne Gut versagt.
Doch lernen will ich, lernen, froh und gern.
Du weißt was ihm gefällt, was ihn erfreut,
O lehre mich, wie Jason ich gefalle
Ich will dir dankbar sein. –

Kreusa.

O sieh nur, Vater!

König.

Nimm sie mit dir!

Kreusa.

Willst du mit mir, Medea?

Medea.

Ich gehe gern, wohin du mich geleitest,
Nimm dich der Armen, der Verlaßnen an,
Und schütze mich vor jenes Mannes Blick!
(Zum König.)
Sieh nur nach mir, du schreckst mich dennoch nicht,
Obgleich, ich seh's, du sinnest was nicht gut.
Dein Kind ist besser, als sein Vater!

Kreusa.

Komm!
Er will dir wohl! – Und ihr kommt auch, ihr Kleinen!

(Führt Medeen und die Kinder fort.)

König.

Hast du gehört?

Jason.

Ich hab.

König.

Und sie dein Weib?
Schon früher gab uns Kunde das Gerücht,
Doch glaubt' ich's nicht und nun, da ich's gesehn,
Glaub ich's fast minder noch! – Dein Weib!

Jason.

Du siehst den Gipfel nur, die Stufen nicht,
Und nur von diesen läßt sich jener richten.
Ich zog dahin in frischer Jugendkraft,
Durch fremde Meere zu der kühnsten Tat,
Die noch geschehn, seit Menschen sind und denken.

Das Leben war, die Welt war aufgegeben
Und nichts war da, als jenes helle Vlies,
Das durch die Nacht, ein Stern im Sturme schien.
Der Rückkehr dachte niemand und als wär'
Der Augenblick, in dem der Preis gewonnen,
Der letzte unsers Lebens, strebten wir.
So zogen wir, ringfertige Gesellen,
Im Übermut des Wagens und der Tat,
Durch See und Land, durch Sturm und Nacht und Klippen,
Den Tod vor uns, und hinter uns den Tod.
Was gräßlich sonst, schien leicht und fromm und mild,
Denn die Natur war ärger als der Ärgste;
Im Streit mit ihr und mit des Wegs Barbaren
Umzog sich hart des Mild'sten weiches Herz;
Der Maßstab aller Dinge war verloren,
Nur an sich selbst maß jeder was er sah.
Was allen uns unmöglich schien, geschah:
Wir sahen Kolchis' wundervolles Land,
O hättest du's gesehn in seinen Nebeln!
Der Tag ist Nacht dort und die Nacht Entsetzen,
Die Menschen aber finstrer als die Nacht.
Da fand ich sie, die dir so greulich dünkt;
Ich sage dir, sie glich dem Sonnenstrahl,
Der durch den Spalt in einen Kerker fällt.
Ist sie hier dunkel, dort erschien sie licht
Im Abstich ihrer nächtlichen Umgebung.

König.
Nie recht ist Unrecht, Schlimmes nirgends gut.

Jason.
Der Obern einer wandt' ihr Herz mir zu;
Sie stand mir bei in mancher Fährlichkeit.
Ich sah die Neigung sich in ihr empören,
Doch störrisch legt' sie ihr den Zügel an,
Und nur ihr Tun, ihr Wort verriet mir nichts.
Da faßt' auch mich der Wahnsinn wirbelnd an,
Daß sie's verschwieg, das eben reizte mich,

Auf Kampf gestellt rang ich mit ihr und wie
Ein Abenteuer trieb ich meine Liebe.
Sie fiel mir zu. Ihr Vater fluchte ihr.
Nun war sie mein – hätt' ich's auch nicht gewollt.
Durch sie ward mir das rätselvolle Vlies,
Sie führte mich in jene Schauerhöhle,
Wo ich's gewann, dem Drachen abgewann.
Sooft ich ihr seitdem ins Auge blicke,
Schaut mir die Schlange blinkend draus entgegen,
Und nur mit Schaudern nenn ich sie mein Weib.
Wir fuhren ab. Ihr Bruder fiel.

König *(rasch).*
Durch sie?

Jason.
Er fiel der Götter Hand. – Ihr alter Vater,
Ihr fluchend, mir und unsern künft'gen Tagen, grub
Mit blut'gen Nägeln sich sein eignes Grab
Und starb, so heißt es, gen sich selber wütend.

König.
Mit bösen Zeichen fing die Eh' dir an.

Jason.
Mit schlimmern setzte sie sich weiter fort.

König.
Wie war's mit deinem Ohm? erzähl mir dies.

Jason.
Vier Jahr' verschob die Rückkehr uns ein Gott,
Durch Meer und Land uns in der Irre treibend.
In Schiffes Enge, stündlich ihr genüber,
Brach sich der Stachel ab des ersten Schauders;
Geschehn war, was geschehn – Sie ward mein Weib.

König.
Und nun daheim, in Jolkos bei dem Oheim?

Jason.
Verwischt war von der Zeit der Greuel Bild,
Und, halb Barbar, zur Seite der Barbarin,
Zog stolz ich ein in meiner Väter Stadt.
Im Angedenken noch des Volkes Jubel
Bei meiner Abfahrt, hofft' ich freudiger
Noch den Empfang, da ich als Sieger kehrte.
Doch still war's in den Gassen, als ich kam,
Und scheu wich der Begegnende mir aus.
Was dort geschehn in jenem dunkeln Land,
Vermehrt mit Greueln, hatt' es das Gerücht
Gesät in unsrer Bürger furchtsam Ohr;
Man floh mich und verachtete mein Weib –
Mein war sie, *mich* verschmähte man in ihr.
Mein Oheim aber nährte schlau die Stimmung
Und als ich forderte das Erbe meiner Väter,
Das er mir nahm und tückisch vorenthielt,
Da hieß er mich mein Weib von mir zu senden,
Die ihm zum Greuel sei mit ihrem dunkeln Streben,
Wo nicht, sein Land, der Väter Land zu meiden.

König.
Du aber?

Jason.
Ich? Sie war mein Weib;
Sie hatte meinem Schutz sich anvertraut
Und der sie forderte, es war mein Feind.
Hätt' er auch Billiges begehrt, beim Himmel,
Er hätt' es nicht erlangt: so minder dies.
Ich schlug es ab.

König.
Und er?

Jason.
Er sprach den Bann.
Desselben Tags noch sollt' ich Jolkos meiden.
Ich aber wollte nicht und blieb.

Da wird der König plötzlich krank. Gemurmel
Läuft durch die Stadt, gar Seltsames verkündend.
Wie vor dem Hausaltar er sitze, wo
Das Wundervlies man weihend aufgehängt,
Mit unverwandtem Aug' es starr betrachtend.
Oft schrie er auf: sein Bruder schau' ihn an,
Mein Vater, den er tückisch einst getötet
Beim Wortstreit ob des Argonautenzugs,
Er schau' ihn an aus jenes Goldes Flimmer,
Das er mich holen hieß, der falsche Mann
Aus fernem Land, auf daß ich drob verderbe.
Als nun die Not des Königs Haus bedrängte,
Da traten seine Töchter vor mich hin,
Um Heilung flehend von Medeens Kunst.
Ich aber sagte. Nein! Sollt' ich den Mann erretten,
Der mein Verderben sann und all der Meinen?
Da gingen sie, die Mädchen, weinend hin,
Ich aber schloß mich ein, nichts weiter achtend.
Und ob sie wiederholt gleich flehend kamen
Ich blieb bei meinem Sinn und meinem: Nein!
Als ich darauf nun lag zu Nacht und schlief,
Hör ich Geschrei an meines Hauses Pforten,
Akastos ist's, des bösen Oheims Sohn.
Der stürmt mein Tor mit lauten Pöbelhaufen
Und nennt mich Mörder, Mörder seines Vaters,
Der erst gestorben, in derselben Nacht.
Auf stand ich und zu reden sucht' ich, doch
Umsonst, das Volksgebrüll verschlang mein Wort.
Und schon begann mit Steinen man den Krieg.
Da nahm ich dies mein Schwert und schlug mich durch.
Seitdem irr ich durch Hellas' weite Städte,
Der Menschen Greuel, meine eigne Qual,
Und, nimmst du mich nicht auf, ein Ganzverlorner!

König.

Ich hab dir's zugesagt und halt es auch.
Doch sie –

Jason.

Eh' du vollendest höre mich!
Du nimmst uns beide, oder keinen, Herr!
Mein Leben wär' erneut, wüßt' ich sie fort,
Doch muß ich schützen, was sich mir vertraut.

König.

Die Künste, die sie weiß, sie schrecken mich,
Die Macht zu schaden zeugt gar leicht den Willen,
Auch ist ihr Schuld nicht fremd und arge Tat.

Jason.

Wenn sie nicht ruhig ist, so treib sie aus,
Verjag sie, töte sie, und mich – uns alle.
Doch bis dahin gönn ihr noch den Versuch,
Ob sie's vermag zu weilen unter Menschen.
Beim Zeus, der Fremden Schützer, bitt ich es,
Und bei dem Gastrecht fordr' ich's, das die Väter
In längstentschwundner Zeit uns aufgerichtet,
In Jolkos und Korinthos, solcher Schickungen
Mit klugem Sinn in vorhinein gedenkend.
Gewähre mir's, damit nicht einst den Deinen
In gleichem Unheil, gleiche Weigrung werde.

König.

Den Göttern weich ich, gegen meinen Sinn.
Sie bleibe. Doch verrät mir nur ein Zug
Die Rückkehr ihres alten, wilden Sinns,
So treib ich sie aus meiner Stadt hinaus
Und liefere sie denen, die sie suchen.

Hier aber, wo ich dich zuerst gesehn,
Erhebe sich ein heiliger Altar.
Der Fremden Schützer, Zeus, sei er geweiht
Und Pelias', deines Oheims blut'gen Manen.
Dort wollen wir vereint die Götter bitten,
Daß sie den Eintritt segnen in mein Haus,
Und gnädig wenden, was uns Übles droht.

Und nun komm mit in meine Königsburg.
(zu seinen Begleitern, die sich jetzt nähern.)
Ihr aber richtet aus, was ich befahl.

(Indem sie sich zum Abgehen wenden, fällt der Vorhang)

Zweiter Aufzug

Halle in Kreons Königsburg zu Korinth.

Kreusa sitzend, Medea auf einem niederern Schemmel vor ihr, eine Leier in ihrem Arm; sie ist griechisch gekleidet.

Kreusa.
Hier diese Saite nimm, die zweite, diese!

Medea.
So also?

Kreusa.
Nein. Die Finger mehr gelöst.

Medea.
Es geht nicht.

Kreusa.
Wohl. Wenn du's nur ernstlich nimmst.

Medea.
Ich nehm es ernstlich; doch es geht nicht.
(Sie legt die Leier weg und steht auf.)
Nur an den Wurfspieß ist die Hand gewöhnt
Und an des Weidwerks ernstlich rauh Geschäft.
(Ihre rechte Hand dicht vor die Augen haltend.)
Daß ich sie strafen könnte diese Finger, strafen!

Kreusa.
Wie du nun bist! Da hatt' ich mich gefreut
Daß du ihn überraschen solltest, Jason,
Mit deinem Lied.

Medea.
Ja so, ja du hast recht.
Darauf vergaß ich. Laß noch mal versuchen!
Es wird ihn freuen, meinst du, wirklich freuen?

Kreusa.
Gewiß. Er sang das Liedchen schon als Knabe,
Als er bei uns, in unserm Hause lebte.
Sooft ich's hörte, sprang ich fröhlich auf,
Denn immer war's das Zeichen seiner Heimkehr.

Medea.
Das Liedchen aber?

Kreusa.
Wohl so hör mir zu
Es ist nur kurz und eben nicht sehr schön
Allein er wußt' es gar so hübsch zu singen,
So übermütig, trotzend, spöttisch fast.

O ihr Götter,
Ihr hohen Götter!
Salbt mein Haupt
Wölbt meine Brust,
Daß den Männern
Ich obsiege
Und den zierlichen
Mädchen auch.

Medea.
Ja, ja, sie haben's ihm gegeben!

Kreusa.
Was?

Medea.
Des kurzen Liedchens Inhalt.

Kreusa.
Welchen Inhalt?

Medea.

Daß den Männern er obsiege
Und den zierlichen Mädchen auch.

Kreusa.

Daran hatt' ich nun eben nie gedacht.
Ich sang's nur nach, wie ich's ihn singen hörte.

Medea.

So stand er da an Kolchis' fremder Küste;
Die Männer stürzten nieder seinem Blick,
Und mit demselben Blick warf er den Brand
In der Unsel'gen Busen, die ihn floh,
Bis, lang verhehlt, die Flamme stieg empor
Und Ruh' und Glück und Frieden prasselnd sanken
Von Rauchesqualm und Feuersglut umhüllt.
So stand er da in Kraft und Schönheit prangend,
Ein Held, ein Gott und lockte, lockte, lockte,
Bis es verlockt, sein Opfer, und vernichtet,
Dann warf er's hin und niemand hob es auf.

Kreusa.

Bist du sein Weib und sprichst so schlimm von ihm?

Medea.

Du kennst ihn nicht, ich aber kenn ihn ganz.
Nur *er* ist da, *er* in der weiten Welt
Und alles andre nichts als Stoff zu Taten.
Voll Selbstheit, nicht des Nutzens, doch des Sinns,
Spielt er mit seinem und der andern Glück.
Lockt's ihn nach Ruhm so schlägt er einen tot,
Will er ein Weib, so holt er eine sich,
Was auch darüber bricht, was kümmert's ihn!
Er tut nur Recht, doch recht ist was er will.
Du kennst ihn nicht, ich aber kenn ihn ganz
Und denk ich an die Dinge, die geschehn,
Ich könnt' ihn sterben sehn und lachen drob.

Kreusa.
Leb wohl!

Medea.
Du gehst?

Kreusa.
Soll ich dich länger hören?
Ihr Götter! Spricht die Gattin so vom Gatten?

Medea.
Nach dem er ist: der Meine tat darnach!

Kreusa.
Beim hohen Himmel, hätt' ich einen Gatten,
So arg, so schlimm, als Deiner nimmer ist,
Und Kinder, sein Geschenk und Ebenbild,
Ich wollt' sie lieben, töteten sie mich.

Medea.
Das sagt sich gut, allein es übt sich schwer.

Kreusa.
Es wär' wohl minder süß, übt' es sich leichter.
Doch tue was dir gutdünkt, ich will gehn.
Zuerst lockst du mit holdem Wort mich an
Und fragst nach Mitteln mich, ihm zu gefallen
Und nun brichst du in Haß und Schmähung aus.
Viel Übles hab an Menschen ich bemerkt,
Das Schlimmste aber ist ein unversöhnlich Herz.
Leb wohl und lerne besser sein.

Medea.
Du zürnst?

Kreusa.
Beinahe.

Medea.
O gib nicht auch *du* mich auf,
Verlaß mich nicht sei du mein Schirm und Schutz!

Kreusa.
Nun bist du mild und erst warst du voll Haß.

Medea.
Der Haß gilt mir und Jason gilt die Liebe.

Kreusa.
So liebst du deinen Gatten?

Medea.
Wär' ich hier sonst?

Kreusa.
Ich sinne nach und doch versteh ich's nicht.
Doch: liebst du ihn, bin ich dir wieder gut,
Und sage dir wohl sichre Mittel an,
Die Launen, die er hat, ich weiß es wohl,
Wie Wolken zu zerstreun. Laß uns nur machen.
Ich sah es, er war morgens trüb und düster,
Doch sing ihm erst dein Lied und du wirst sehn
Wie schnell er fröhlich wird. Hier ist die Leier.
Nicht eher laß ich ab, bis du es weißt.
(Sie sitzt.)
Was kommst du nicht? Was stehst und zögerst du?

Medea.
Ich seh dich an und seh dich wieder an
Und kann an deinem Anblick kaum mich sätt'gen.
Du Gute, Milde, schön an Leib und Seele,
Das Herz wie deine Kleider hell und rein.
Gleich einer weißen Taube schwebest du,
Die Flügel breitend, über dieses Leben
Und netzest keine Feder an dem Schlamm,
In dem wir ab uns kämpfend mühsam weben.
Senk einen Strahl von deiner Himmelsklarheit
In diese wunde, schmerzzerrißne Brust.
Was Gram und Haß und Unglück hingeschrieben
O lösch es aus mit deiner frommen Hand
Und setze deine reinen Züge hin.

Die Stärke, die mein Stolz von Jugend war,
Sie hat im Kampfe sich als schwach bewiesen
O lehre mich, was stark die Schwäche macht.
(Sie setzt sich auf den Schemmel zu Kreusas Füßen.)
Zu deinen Füßen will ich her mich flüchten
Und will dir klagen, was sie mir getan;
Will lernen, was ich lassen soll und tun.
Wie eine Magd will ich dir dienend folgen,
Will weben an dem Webstuhl, früh zur Hand,
Und alles Werk, das man bei uns verachtet,
Den Sklaven überläßt und dem Gesind',
Hier aber übt die Frau und Herrin selbst,
Vergessend, daß mein Vater Kolchis' König,
Vergessend, daß mir Götter sind als Ahnen,
Vergessend was geschehn und was noch droht –
(Aufstehend und sich entfernend.)
Doch das vergißt sich nicht.

Kreusa *(ihr folgend).*
Was ficht dich an?
Was Schlimmes auch in früher Zeit geschehn,
Der Mensch vergißt, ach und die Götter auch.

Medea *(an ihrem Halse).*
Meinst du? O daß ich's glauben könnte, glauben!

(Jason kommt.)

Kreusa *(sich gegen ihn wendend).*
Hier dein Gemahl. Sieh Jason, wir sind Freunde!

Jason.
So, so.

Medea.
Sei mir gegrüßt. – Sie ist so gut,
Sie will Medeas Freundin sein und Lehrerin.

Jason.
Viel Glück zu dem Versuch!

Kreusa.

Was bist du ernst?
Wir wollen hier recht frohe Tage leben.
Ich, meine Sorge zwischen meinem Vater
Und euch verteilend; du und sie, Medea –

Jason.

Medea!

Medea.

Was gebeutst du, mein Gemahl?

Jason.

Sahst du die Kinder schon?

Medea.

Ach, ja nur erst.
Sie sind recht munter.

Jason.

Sieh doch noch einmal!

Medea.

Nur kaum erst war ich dort.

Jason.

Sieh *doch*, sieh *doch!*

Medea.

Wenn du es willst.

Jason.

Ich wünsch es.

Medea.

Wohl, ich gehe.

(Ab.)

Kreusa.

Was sendest du sie fort? Sie sind ja wohl.

Jason.

Ah! So, nun ist mir leicht, nun kann ich atmen!

Ihr Anblick schnürt das Innre mir zusammen
Und die verhehlte Qual erwürgt mich fast.

Kreusa.
Was hör ich? O ihr allgerechten Götter!
So spricht nun er und so sprach vorher sie.
Wer sagte mir denn, Gatten liebten sich?

Jason.
Ja wohl, wenn nach genutzter Jugendzeit
Der Jüngling auf ein Mädchen wirft den Blick
Und sie zur Göttin macht von seinen Wünschen.
Er späht nach ihrem Aug', ob es ihn trifft
Und trifft's ihn, ist er froh in seinem Sinn.
Zum Vater geht er und zur Mutter hin
Und wirbt um sie und jene sagen's zu.
Da ist ein Fest und die Verwandten kommen
Die ganze Stadt nimmt an dem Jubel Teil.
Mit Kränzen reich geschmückt und lichten Blumen
Führt er die Braut zu Tempel und Altar.
Errötend und in holdem Schauer bebend
Vor dem was sie doch wünscht, tritt sie einher;
Der Vater aber legt die Hände auf
Und segnet sie und ihr entfernt Geschlecht.
Die so zur Freite gehn, die lieben sich.
Mir war es auch bestimmt, doch kam es nicht.
Was hab ich denn getan, gerechte Götter,
Daß ihr mir nahmt, was ihr dem Ärmsten gebt
Ein Schmerzasyl an seinem eignen Herd
Und zur Vertrauten, die ihm angetraut.

Kreusa.
So hast du nicht gefreit wie andre freien,
Der Vater hob die Hand nicht segnend auf?

Jason.
Er hob sie auf, doch mit dem Schwert bewaffnet
Und statt des Segens gab er uns den Fluch.
Allein ich hab ihm's tüchtig rückgegeben;

Sein Sohn ist tot, er selber stumm und tot –
Sein Fluch nur lebt – zum mind'sten scheint es so.

Kreusa.
Wie können wen'ge Jahre doch verwandeln!
Wie warst du mild und wie bist nun so rauh.
Ich selber bin dieselbe die ich war,
Was damals ich gewollt, will ich noch jetzt,
Was da mir gut erschien, erscheint mir's noch,
Was tadelnswert muß ich noch jetzo tadeln.
Mit dir scheint's anders.

Jason.
Ja, auch das, auch das!
Es ist des Unglücks eigentlichstes Unglück,
Daß selten drin der Mensch sich rein bewahrt.
Hier gilt's zu lenken, dort zu biegen, beugen,
Hier rückt das Recht ein Haar und dort ein Gran,
Und an dem Ziel der Bahn steht man ein andrer,
Als der man war, da man den Lauf begann.
Und dem Verlust der Achtung dieser Welt
Fehlt noch der einz'ge Trost, die eigne Achtung.
Ich habe nichts getan was schlimm an sich,
Doch viel gewollt, gemocht, gewünscht, getrachtet;
Still zugesehen, wenn es andre taten;
Hier Übles nicht gewollt, doch zugegriffen
Und nicht bedacht daß Übel sich erzeuge.
Und jetzt steh ich vom Unheilsmeer umbrandet
Und kann nicht sagen: ich hab's nicht getan!
O Jugend, warum währst du ewig nicht!
Beglückend Wähnen, seliges Vergessen,
Der Augenblick des Strebens Wieg' und Grab.
Wie plätschert' ich im Strom der Abenteuer,
Die Wogen teilend mit der starken Brust.
Doch kommt das Mannesalter ernst geschritten,
Da flieht der Schein: die nackte Wirklichkeit
Schleicht still heran und brütet über Sorgen.
Die Gegenwart ist dann kein Fruchtbaum mehr,

In dessen Schatten man genießend ruht,
Sie ist ein unangreifbar Samenkorn,
Das man vergräbt, daß eine Zukunft sprosse.
Was wirst du tun? wo wirst du sein und wohnen?
Was wird aus dir? Und was aus Weib und Kind?
Das fällt uns an und quält uns ab und ab.
(Er setzt sich.)

Kreusa.
Was sorgst du denn? es ist für dich gesorgt.

Jason.
Gesorgt? O ja, wie man dem Bettler wohl
Den Napf mit Abhub an die Schwelle reicht.
Bin ich der Jason und brauch andrer Sorge?
Muß unter fremden Tisch die Füße setzen
Mit meinen Kindern betteln gehn zu fremden Mitleid?
Mein Vater war ein Fürst, ich bin es auch
Und wer ist, der dem Jason sich vergleicht?
Und doch –
(Er ist aufgestanden.)
Ich kam den lauten Markt entlang
Und durch die weiten Gassen eurer Stadt
Weißt du noch, wie durch sie ich prangend schritt
Als ich, vor jenem Argonautenzug,
Hierherkam, von euch Abschied noch zu nehmen?
Da wallten sie in dichtgedrängten Wogen
Von Menschen, Wagen, Pferden, bunt gemengt.
Die Dächer trugen Schauende, die Türme,
Und wie um Schätze stritt man sich den Raum.
Die Luft ertönte von der Zimbel Lärm
Und von dem Lärm der heilzuschreinden Menge.
Dicht drängt' sie sich rings um die edle Schar,
Die reich geschmückt, in Panzers hellem Leuchten,
Der mindeste ein König und ein Held,
Den edlen Führer ehrfurchtsvoll umgaben –
Und ich war's der sie führte, ich ihr Hort,
Ich, den das Volk in lautem Jubel grüßte –

Jetzt als ich durch dieselben Straßen ging,
Traf mich kein Aug', kein Gruß, kein Wort.
Nur als ich stand, und rings her um mich sah,
Meint' einer, es sei schlechte Sitte, so
In Weges Mitte stehn und andre stören.

Kreusa.
Du wirst dich wieder heben, wenn du willst.

Jason.
Mit mir ist's aus! ich hebe mich nicht mehr.

Kreusa.
Ich weiß ein Mittel wie dir's wohl gelingt.

Jason.
Das Mittel wüßt' ich wohl, doch schaffst du mir's?
Mach daß ich nie der Väter Land verlassen,
Daß ich bei euch hier in Korinthos blieb,
Daß ich das Vlies, ich Kolchis nie gesehen,
Ich nie gesehen sie, die nun mein Weib.
Mach, daß sie heimkehrt in ihr fluchbeladnes Land
Und die Erinnrung mitnimmt, daß sie dagewesen,
Dann will ich wieder Mensch mit Menschen sein.

Kreusa.
Das wär's allein? Ich weiß ein andres Mittel:
Ein einfach Herz und einen stillen Sinn.

Jason.
Ja, wer von dir das lernen könnte, Gute!

Kreusa.
Die Götter geben's jedem, der nur will.
Auch dir war's einst und kann es wieder werden.

Jason.
Denkst du noch manchmal unsrer Jugendzeit?

Kreusa.
Gar oft und gern erinnr' ich mich an sie.

Jason.
Wie wir ein Herz und eine Seele waren.

Kreusa.
Ich machte milder dich und du mich kühn.
Weißt du, wie ich den Helm aufs Haupt mir setzte?

Jason.
Er war zu weit, du hieltst ihn, sanft geduckt,
Mit kleinen Händen ob den goldnen Locken.
Kreusa, es war eine schöne Zeit!

Kreusa.
Und wie mein Vater sich darüber freute,
Er nannt' uns öfter scherzend Bräutigam und Braut.

Jason.
Es kam nicht so.

Kreusa.
Wie manches anders kommt,
Als man's gedacht. Allein was tut's?
Wir wollen drum nicht minder fröhlich sein!

(Medea kommt zurück.)

Medea.
Die Kleinen sind besorgt.

Jason.
Nun, es ist gut.
(Fortfahrend.) Die schönen Orte unsrer Jugendlust,
An die Erinnrung knüpft mit leisen Fäden,
Ich hab sie durchgegangen, da ich kam,
Und Brust und Lippen kühlend eingetaucht
Im frischen Born der hellen Kinderzeit.
Ich war am Markt, wo ich den Wagen lenkte,
Das rasche Roß dem Ziel entgegentrieb,
Den Faustschlag wechselnd mit dem Gegner rang,
Indes du standst und sahst, erschrakst und zürntest,
Um meinetwillen jedem Gegner feind.

Ich war im Tempel, wo vereint wir knieten,
Hier nur allein einander uns vergessend,
Und unsre Lippen zu den Göttern sandten
Aus zweier Brust ein einzig, einig Herz.

Kreusa.
So weißt du denn das alles noch so gut?

Jason.
Ich sauge Labung draus mit vollen Zügen

Medea *(die still hingegangen ist und die weggelegte Leier ergriffen hat).*
Jason, ich weiß ein Lied!

Jason.
Und dann der Turm!
Weißt du den Turm dort an der Meeresküste
Wo du mit deinem Vater standst und weintest,
Als ich das Schiff bestieg zum weiten Zug.
Ich hatte da kein Aug' für deine Tränen
Denn nur nach Taten dürstete mein Herz.
Ein Windstoß löste deinen Schleier los
Und warf ihn in die See, ich sprang darnach
Und trug ihn mit mir fort, dir zum Gedächtnis.

Kreusa.
Hast du ihn noch?

Jason.
Denk nur, so manches Jahr
Verging seit dem und nahm dein Pfand mit sich.
Der Wind hat ihn verweht.

Medea.
Ich weiß ein Lied.

Jason.
Du riefst mir damals zu: Leb wohl, mein Bruder.

Kreusa.
Und jetzt ruf ich: Mein Bruder, sei gegrüßt!

Medea.
Jason, ich weiß ein Lied.

Kreusa.
Sie weiß ein Lied,
Das du einst sangst, hör zu, sie soll dir's singen.

Jason.
Ja so! Wo war ich denn? Das klebt mir an
Aus meiner Jugendzeit und spottet meiner,
Daß gern ich manchmal träumen mag und schwatzen
Von Dingen die nicht sind und die nicht werden.
Denn wie der Jüngling in der Zukunft lebt
So lebt der Mann mit der Vergangenheit.
Die Gegenwart weiß keiner recht zu leben.
Da war ich jetzt ein tatenkräft'ger Held
Und hatt' ein liebes Weib und Gold und Gut
Und einen Ort wo meine Kinder schlafen.
Was also willst du denn? *(Zu Medea.)*

Kreusa.
Ein Lied dir singen,
Das du in deiner Jugend sangst bei uns.

Jason.
Und das singst du?

Medea.
So gut ich kann.

Jason.
Ja wohl!
Willst du mit einem armen Jugendlied
Mir meine Jugend geben und ihr Glück?
Laß das. Wir wollen aneinander halten
Weil's einmal denn so kam und wie sich's gibt.
Doch nichts von Liedern und von derlei Dingen!

Kreusa.
Laß sie's doch singen. Sie hat sich geplagt
Bis sie's gewußt und nun –

Jason.
So singe, sing!

Kreusa.
Die zweite Saite, weißt du noch?

Medea *(mit der Hand schmerzlich aber ihre Stirne streichend).*
Vergessen.

Jason.
Siehst du, ich sagt' es wohl, es geht nun nicht!
An andres Spiel ist ihre Hand gewohnt,
Den Drachen sang sie zaubrisch in den Schlaf.
Und das klang anders als dein reines Lied.

Kreusa *(einflüsternd).*
O ihr Götter
Ihr hohen Götter –

Medea *(nachsagend).*
O ihr Götter –
Ihr hohen, ihr gerechten, strengen Götter!
(Die Leier entfällt ihr, sie schlägt beide Hände vor die weinenden Augen.)

Kreusa.
Sie weint. Wie kannst du doch so hart sein und so wild.

Jason *(sie zurückhaltend).*
Laß sie! Kind, du verstehst uns beide nicht!
Es ist der Götter Hand, was sie nun fühlt,
Auch hier gräbt sie, auch hier mit blut'gen Griffen.
Greif du nicht in der Götter Richteramt!
Hättst du sie dort gesehn im Drachenhorst,
Wie sie sich mit dem Wurm zur Wette bäumte,
Voll Gift der Zunge Doppelpfeile schoß,
Und Haß und Tod aus Flammenaugen blinkte,
Dein Busen wär' gestählt gen ihre Tränen.
Nimm du die Leier und sing mir das Lied
Und bann den Dämon, der mich würgend quält.
Du kannst's vielleicht, doch jene nicht.

Kreusa.
Recht gern.
(Sie will die Leier aufheben.)

Medea *(ihren Arm ober der Hand fassend und sie abhaltend).*
Halt ein! *(Sie hebt mit der andern Hand die Leier auf.)*

Kreusa.
Recht gern, spielst du es selber.

Medea.
Nein!

Jason.
Gibst du sie nicht denn?

Medea.
Nein.

Jason.
Auch mir nicht?

Medea.
Nein!

Jason *(hinzutretend und nach der Leier greifend).*
Ich aber nehme sie.

Medea *(ohne sich vom Platz zu bewegen, die Leier zurückziehend).*
Umsonst!

Jason *(ihre zurückziehenden Hände mit den seinigen verfolgend).*
Gib!

Medea *(die Leier im Zurückziehen zusammendrückend, daß sie krachend zerbricht).*
Hier!
Entzwei! *(Die zerbrochene Leier vor Kreusa hinwerfend.)*
Entzwei die schöne Leier!

Kreusa *(entsetzt zurückfahrend).*
Tot!

Medea *(rasch umblickend).*
Wer? – *Ich* lebe! *lebe*!
(Sie steht da hoch emporgehoben vor sich hinstarrend.)

(Von außen ein Trompetenstoß.)

Jason.
Ha, was ist das? – Was stehst du siegend da?
Dich reut noch, glaub ich, dieser Augenblick.

(Noch ein Trompetenstoß.)
(Der König kommt rasch zur Türe herein.)

Jason *(ihm entgegen).*
Was kündigt an der kriegerische Schall?

König.
Unglücklicher, du fragst?

Jason.
Ich frage, Herr!

König.
Der Streich, den ich gefürchtet ist gefallen,
Ein Herold steht vor meines Hauses Pforten,
Gesandt vom Stuhl der Amphiktyonen.
Er frägt nach dir, und hier nach deinem Weib,
Den Bann ausrufend in des Himmels Lüfte!

Jason.
Auch das noch!

König.
Also ist's. Doch still, er naht!

(Die Pforten öffnen sich. Ein Herold tritt herein; hinter ihm zwei Hornbläser, weiter zurück mehreres Gefolge.)

Herold.
Die Götter und ihr Schutz in dieses Haus!

König *(feierlich).*
Wer bist du und was suchst du hier bei mir?

Herold.
Ein Gottesherold bin ich, abgesandt
Vom Altgericht der Amphiktyonen,
Das spricht in Delphis hochgefreiter Stadt;
Mit Bann verfolg ich und mit Rachespruch
Die schuldigen Verwandten König Pelias',
Der einst auf Jolkos saß, nun aber tot ist.

König.
Suchst du die Schuld'gen, suche sie nicht hier,
In seinem Haus, bei seinen Kindern such sie!

Herold.
Ich fand sie hier und so sprech ich sie an:
Fluch Jason dir! Fluch dir und deinem Weib!
Verruchter Künste bist du angeklagt,
Der Schuld an deines Oheims dunkeln Tod.

Jason.
Du lügst, nicht weiß ich um des Königs Sterben.

Herold.
Frag diese dort, die weiß es besser wohl.

Jason.
Tat sie's?

Herold.
Nicht mit der Hand, durch Künste, die ihr kennt,
Die ihr herüberbrachtet aus dem fremden Lande.
Denn als der König krank – vielleicht schon da ein Opfer,
So seltsam waren seiner Krankheit Zeichen –
Da traten seine Töchter zu Medeen hin,
Um Heilung flehend von der Heilerfahrnen.
Sie aber sagt' es zu und ging mit ihnen.

Jason.
Halt! sie ging nicht! Ich wehrt' es, und sie blieb.

Herold.
Das erstemal. Doch als die Mädchen drauf,

Dir unbewußt, zum zweitenmal ihr nahten,
Da ging sie mit, allein das goldne Vlies,
Das ihr ein Greu'l sei, ein verderblich Zeichen,
Als Preis der sichern Rettung sich bedingend.
Die Mädchen aber sagen's ihr voll Freude zu.
Und sie tritt ein beim König, wo er schlief.
Geheimnisvolle Worte sprach sie aus
Und immer tiefer sinkt der König in den Schlaf.
Das böse Blut zu bannen, heißt dem Herrn sie
Die Adern öffnen und auch das geschieht;
Er atmet leichter als man ihn verband
Und froh sind schon die Töchter der Genesung.
Da ging Medea fort, von dannen wie sie sagte,
Und auch die Töchter gehn, da jener schlief.
Mit eins ertönt Geschrei aus seiner Kammer,
Die Mädchen eilen hin und – gräßlich! greulich!
Der Alte lag am Boden, wild verzerrt,
Gesprungen die Verbande seiner Adern,
In schwarzen Güssen strömend hin sein Blut.
Am Altar lag er, wo das Vlies gehangen,
Und das war fort. Die aber ward gesehen,
Den goldnen Schmuck um ihre Schultern tragend,
Zur selben Stunde schreitend durch die Nacht.

Medea *(dumpf vor sich hin).*
Es war mein Lohn.
Mich schaudert, denk ich an des alten Mannes Wut!

Herold.
Damit nun solcher Greu'l nicht länger währe
Und unser Land mit seinem Hauch vergifte,
So sprech ich aus hiemit den großen Bann
Ob Jason dem Thessalier, Aesons Sohn,
Genoß einer Verruchten, selbst verrucht
Und treib ihn aus, kraft meines heil'gen Amts,
Aus, von der Griechen gottbetretnen Erde,
Und weis ihn in das Irrsal, in die Flucht,
Mit ihm sein Weib und seines Bettes Sprossen.

Kein Teil sei ihm am vaterländ'schen Boden,
An vaterländ'schen Göttern ihm kein Teil,
Kein Teil an Schutz und Recht des Griechenlandes.

(Nach den Himmelsgegenden.)
Verbannt Jason und Medea!
Medea und Jason verbannt!
Verbannt!
Jason und Medea!

Wer aber ihn beherbergt, ihn beschützt,
Von hier nach dreien Tagen und drei Nächten,
Dem künd ich Tod, wenn es ein Einzelmann,
Und Krieg, wenn's eine Stadt, wenn es ein König!
So fügt's der Spruch der Amphiktyonen
Und so verkünd ich es zu Recht,
Damit ein jeder wisse sich zu wahren.

Die Götter und ihr Schutz in dieses Haus!
(Er wendet sich zum Abgehen.)

Jason.
Was steht ihr da, ihr Mauern? stürzet ein,
Erspart die Müh' dem König, mich zu töten!

König.
Halt ein, o Herold, und vernimm noch dies!
(Zu Jason gewendet.)
Glaubst du, mich reute schon was ich gelobt?
Hielt' ich für schuldig dich, und wärst du auch mein Sohn,
Ich gäbe hin dich jenen, die dich suchen;
Doch du bist's nicht und so beschütz ich dich,
Bleib hier. Wer aber wagt es Kreons Freund,
Für dessen Unschuld er sein Wort verpfändet, – –
Wer wagt es meinen Eidam anzutasten?
Ja Herold, meinen Eidam, meiner Tochter Gatten!
Was einst beschlossen ward in frühern Tagen,
In Tagen seines Glücks, ich führ es aus
Jetzt da des Unglücks Wogen ihn umbranden.

Sie sei dein Weib, du bleibst bei deinem Vater.
Also vertret ich's vor den Amphiktyonen;
Und wer beschuldigt noch wen Kreon freisprach,
Freisprach durch seiner eignen Tochter Hand?

Das sag du jenen, die dich hergesandt
Und in der Götter Schutz sei nun entlassen.

(Der Herold geht.)

Doch diese, die die Wildnis ausgespieen,
Zu deinem, aller Frommen Untergang,
Sie, die die Greu'l verübt, der man dich zeiht,
Sie bann ich aus des Landes Grenzen fort
Und Tod ihr, trifft der Morgen sie noch hier.
Zieh hin aus meiner Väter frommen Stadt
Und reinige die Luft, die du verpestest!

Medea.
Das also wär's? Mir gält' es, mir allein?
Ich aber sag euch, ich hab's nicht getan!

König.
Genug hast du verübt, seit er dich sah.
Hinweg aus meinem Haus, aus meiner Stadt.

Medea *(zu Jason).*
Und muß ich fort, nun wohl, so folge mir!
Gemeinsam wie die Schuld, sei auch die Strafe!
Weißt noch den alten Spruch? Allein soll keines sterben,
Ein Haus, ein Leib und ein Verderben!
Im Angesicht des Todes schwuren wir's;
Jetzt halt es, komm!

Jason.
Berührst du mich?
Laß ab von mir, du meiner Tage Fluch!
Die mir geraubt mein Leben und mein Glück,
Die ich verabscheut, wie ich dich gesehn,
Nur töricht Liebe nannte meines Wesens Ringen!
Heb dich hinweg, zur Wildnis, deiner Wiege,

Zum blut'gen Volk, dem du gehörst und gleichst.
Doch vorher gib mir wieder was du nahmst
Gib Jason mir zurücke, Frevlerin!

Medea.
Zurück willst du den Jason? – Hier! – Hier nimm ihn!
Allein wer gibt Medeen mir, wer mich?
Hab ich dich aufgesucht in deiner Heimat?
Hab ich von deinem Vater dich gelockt?
Hab ich dir Liebe auf-, ja aufgedrungen?
Hab ich aus deinem Lande dich gerissen,
Dich preisgegeben Fremder Hohn und Spott?
Dich aufgereizt zu Freveln und Verbrechen?
Du nennst mich Frevlerin? – Weh mir! ich bin's!
Doch wie hab ich gefrevelt und für wen?
Laß diese mich mit gift'gem Haß verfolgen,
Vertreiben, töten, diese tun's mit Recht,
Denn ich bin ein entsetzlich, greulich Wesen,
Mir selbst ein Abgrund und ein Schreckensbild,
Die ganze Welt verwünsche mich, nur *du* nicht!
Du nicht, der Greuel Stifter, einz'ger Anlaß, du!
Weißt du noch, wie ich deine Knie umfaßte,
Als du das blut'ge Vlies mir stehlen hießest:
Ich mich zu töten eher mich vermaß
Und du mit kaltem Hohne herrschtest: Nimm's!
Weißt du, wie ich den Bruder hielt im Arm,
Der todesmatt von deinem grimmen Streich,
Bis er sich losriß von der Schwester Brust
Und deinem Trotz entrinnend Tod in Wellen suchte?
Weißt du? – Komm her zu mir! – Weich mir nicht aus!
Verbirg nicht hinter jene dich vor mir!

Jason *(vortretend).*
Ich hasse, doch ich scheu dich nicht!

Medea.
So komm!
(Halblaut.)

Weißt du? – Sieh mich nicht so verachtend an! –
Wie du den Tag vor deines Oheims Tod,
Da eben seine Töchter von mir gingen,
Die ratlos ich auf dein Geheiß entließ,
Wie du zu mir in meine Kammer tratst
Und mit den Augen so in meine schauend, –
Als säh' ein Vorsatz, scheu in dir verborgen,
Nach seinesgleichen aus in meiner Brust –
Wie du da sagtest: Daß zu mir sie kämen
Um Heilung für des argen Vaters Krankheit,
Ich wollt' ihm einen Labetrank bereiten,
Der *ihn* auf immer heilen sollt' und *mich*!
Weißt du? Sieh mir ins Antlitz wenn du's wagst!

Jason.
Entsetzliche! Was rasest du gen mich?
Machst mir zu Wesen meiner Träume Schatten,
Hältst mir mein Ich vor in des deinen Spiegel
Und rufst meine Gedanken wider mich?
Nichts weiß ich, nichts von deinem Tun und Treiben,
Verhaßt war mir von Anfang her dein Wesen,
Verflucht hab ich den Tag, da ich dich sah,
Und Mitleid nur hielt mich an deiner Seite.
Nun aber sag ich mich auf ewig von dir los
Und fluche dir, wie alle Welt dir flucht.

Medea.
Nicht so, mein Gatte, mein Gemahl!

Jason.
Weg da!

Medea.
Als mir's mein greiser Vater drohte,
Versprachst du, nie mich zu verlassen. Halt's!

Jason.
Selbst hast du das Versprechen dir verwirkt,
Ich gebe hin dich deines Vaters Fluch!

Medea.
Verhaßter komm! Komm mein Gemahl!

Jason.
Zurück!

Medea.
In meinen Arm, so hast du's ja gewollt!

Jason.
Zurück! Sieh hier mein Schwert! Ich töte dich
Wenn du nicht weichst!

Medea *(immer näher tretend)*.
Stoß zu! Stoß zu!

Kreusa *(zu Jason)*.
Halt ein!
Laß sie in Frieden ziehn! Verletz sie nicht!

Medea.
Du auch hier? weiße, silberhelle Schlange?
O zische nicht mehr, züngle nicht so lieblich!
Du hast ja, was du wolltest, den Gemahl!
War's darum, daß du dich so schmeichelnd wandst
Und deine Ringe schlangst um meinen Hals?
O hätt' ich einen Dolch, ich wollte dich
Und deinen Vater, den gerechten König!
Darum sangst du so holde Weisen?
Darum gabst du mir Saitenspiel und Kleid?
(Ihren Mantel abreißend.)
Hinweg! Fort mit den Gaben der Verruchten!
(Zu Jason.)
Sieh! Wie ich diesen Mantel durch hier reiße
Und einen Teil an meinen Busen drücke,
Den andern hin dir werfe vor die Füße,
Also zerreiß ich meine Liebe, unsern Bund.
Was draus erfolgt, das werf ich dir zu, dir,
Dem Frevler an des Unglücks heil'gem Haupt.
Gebt meine Kinder mir und laßt mich gehn!

König.
Die Kinder bleiben hier.

Medea.
Nicht bei der Mutter?

König.
Nicht bei der Frevlerin!

Medea *(zu Jason).*
So sagst auch du?

Jason.
Auch ich.

Medea *(gegen die Türe).*
So hört ihr Kinder mich!

König.
Zurück!

Medea.
Allein gehn heißt ihr mich? Wohlan es sei!
Doch sag ich euch: bevor der Abend graut
Gebt ihr die Kinder mir. Für jetzt genug!
Du aber, die hier gleisend steht, und heuchelnd
In falscher Reinheit niedersieht auf mich,
Ich sage dir, du wirst die weißen Hände ringen,
Medeens Los beneiden gegen deins.

Jason.
Wagst du's?

König.
Hinweg.

Medea.
Ich geh doch komm ich wieder
Und hole das was mir, und bring was euch gebührt.

König.
Was soll sie drohen uns ins Angesicht?
Wenn Worte nicht *(zu den Trabanten)* laßt eure Lanzen sprechen!

Medea.
Zurück! Wer wagt's Medeen anzurühren!
Merk auf die Stunde meines Scheidens, König
Du sahst noch keine schlimmre, glaube mir!
Gebt Raum! Ich geh! Die Rache nehm ich mit! *(Ab.)*

König.
Die Strafe wenigstens, sie folget dir!
(Zu Kreusen.)
Du zittre nicht, wir schützen dich vor ihr!

Kreusa.
Ich sinne nur, ob recht ist, was wir tun;
Denn tun wir recht, wer könnte dann uns schaden?

(Der Vorhang fällt.)

Dritter Aufzug

Vorhof von Kreons Burg. Im Hintergrunde der Eingang von der Wohnung des Königs; rechts an den Seitenwänden ein Säulengang zu Medeens Aufenthalt führend.

Medea im Vorgrunde stehend, Gora weiter zurück mit einem Diener des Königs sprechend.

Gora.
Sag du dem Könige:
Medea nehme Botschaft von Sklaven nicht,
Hab' er Werbung an sie,
Komm' er selbst,
Vielleicht hört sie ihn.

(Der Diener ab.)

Gora *(vortretend).*
Sie meinen, du würdest gehn,
Den Haß bezähmend und die Rache.
Die Törichten!
Oder wirst du es? Wirst du's?

Fast glaub ich, du tust's,
Denn nicht Medea bist du mehr,
Des Kolcherkönigs königlicher Sproß,
Der erfahrnen Mutter, erfahrnere Tochter;
Hättest du sonst geduldet, getragen
So lange, bis jetzt?

Medea.
Hört ihr's Götter? Geduldet! getragen! So lange! bis jetzt!

Gora.
Ich riet dir zu weichen,
Da du noch weilen wolltest,
Verblendet, umgarnt;
Als noch nicht gefallen der Streich,
Den ich vorhersah, warnend dir zeigte:
Aber nun sag ich: bleib!
Sie sollen nicht lachen der Kolcherin,
Nicht spotten des Bluts meiner Könige,
Herausgeben die Kleinen,
Die Schößlinge der gefällten Königseiche;
Oder sterben, fallen,
In Grauen, in Nacht! –

Wo hast du dein Gerät?
Oder was beschließest du?

Medea.
Erst meine Kinder will ich haben, –
Das andre findet sich.

Gora.
So gehst du denn?

Medea.
Ich weiß es nicht.

Gora.
Lachen werden sie dein!

Medea.
Lachen? Nein!

Gora.
Was also sinnest du?

Medea.
Ich gebe mir Müh', nichts zu wollen, zu denken.
ob dem schweigenden Abgrund
Brüte die Nacht.

Gora.
Und wenn du flöhest, wohin?

Medea *(schmerzlich)*.
Wohin? Wohin?

Gora.
Hier Lands ist nicht Raum für uns,
Die Griechen, sie hassen, sie töten dich.

Medea.
Töten? Sie mich? Ich will sie töten, ich!

Gora.
Auch daheim in Kolchis wartet Gefahr.

Medea.
O Kolchis! Kolchis! O Vaterland!

Gora.
Du hast wohl gehört, dir ward wohl Kunde,
Daß dein Vater gestorben, bald darnach,
Als du Kolchis verließest, dein Bruder fiel?
Gestorben? es klang anders, deucht' mir,
Daß er den Schmerz anfassend wie ein Schwert,
Gen sich selber wütend, den Tod sich gab.

Medea.
Was trittst du in Bund mit meinen Feinden
Und tötest mich?

Gora.

Nun siehst du wohl.
Ich hab dir's gesagt, dich gewarnt.
Flieh die Fremden, sagt' ich dir
Vor allen aber ihn, der sie führt,
Den glattzüngigen Heuchler, den Verräter.

Medea.

Den glattzüngigen Heuchler, den Verräter! –
Sagtest du so?

Gora.

Wohl sagt' ich's.

Medea.

Und ich glaubte dir nicht?

Gora.

Glaubtest mir nicht und gingst ins Todesnetz
Das nun zusammenschlägt über dir.

Medea.

Glattzüngiger Heuchler! Das ist das Wort.
Hättest du so gesagt, ich hätt's erkannt;
Aber du nanntest ihn: Feind und verhaßt und abscheulich,
Er aber war schön und freundlich und ich haßt' ihn *nicht*!

Gora.

So liebst du ihn?

Medea.

Ich? Ihn?
Ich haß ihn, verabscheu ihn,
Wie die Falschheit, den Verrat,
Wie das Entsetzlichste, wie mich!

Gora.

So straf ihn, triff ihn,
Räche den Vater, den Bruder,
Unser Vaterland, unsre Götter,
Unsre Schmach, mich, dich!

Medea.
Erst meine Kinder will ich haben,
Das andre deckt die Nacht. –
Was glaubst du? wenn er daherzög'
In feierlichem Brautgeleit
Mit ihr, die ich hasse,
Und vom Giebel des Hauses entgegen
Flög' ihm Medea zerschmettert, zerschellt.

Gora.
Der schönen Rache!

Medea.
        Oder an Brautgemachs Schwelle
Läge sie tot in ihrem Blut,
Bei ihr die Kinder, Jasons Kinder, tot.

Gora.
Dich selber trifft deine Rache, nicht ihn.

Medea.
Ich wollt' er liebte mich,
Daß ich mich töten könnte, ihm zur Qual! –
Oder *sie?* Die Falsche! Die Reine!

Gora.
Näher triffst du schon!

Medea.
        Still! still!
Hinab, wo du herkamst, Gedanke,
Hinab in Schweigen, hinunter in Nacht!
(Sie verhüllt sich.)

Gora.
Die andern alle, die mit ihm zogen
Den frevelnden Argonautenzug,
Alle haben sie, rächend, strafend,
Die vergeltenden Götter erreicht,
Alle fielen in Tod und Schmach;
Er nur fehlt noch – und wie lang?

Täglich hör ich, emsig horchend
Hoch mich erlabend, wie sie fallen,
Fallen der Griechen strahlende Söhne,
Die aus Kolchis, vom Raube gekehrt.
Den Orpheus erschlugen thrakische Weiber;
Hylas versank im Wellengrab;
Theseus, Pirithous stiegen hinab
In des Aides finstere Wohnung,
Der Schatten gewaltigem Herrn zu rauben
Die strahlende Gattin, Persephoneia,
Doch der fing sie und hält sie gefangen
In ehernen Ketten, in ewiger Nacht.

Medea *(rasch den Mantel vom Gesicht ziehend).*
Weil sie kamen das Weib zu rauben?
Gut! Gut! – So tat auch er, tat mehr noch!

Gora.
Dem Herakles, der sein Weib verließ,
Von anderer Liebe gelockt,
Sandte sie rächend ein leinen Gewand;
Als er das antat, sank er dahin
In Qual und Angst und Todesschmerz,
Denn sie hatt' es heimlich bestrichen
Mit argem Gift und schnellem Tod.
Hin sank er und des Öta waldiger Rücken,
Sah ihn vergehn, in Flammen vergehn.

Medea.
Und sie selbst webt' es, das Gewand?
Das tödliche?

Gora.
Sie selbst!

Medea.
Sie selbst!

Gora.
Des Meleager rauhe Gewalt,

Des kaledonischen Eberbezwingers,
Tötet' Althea, die Mutter das Kind.

Medea.
Verließ sie der Gemahl?

Gora.
Er erschlug ihren Bruder.

Medea.
Der Gatte?

Gora.
Der Sohn!

Medea.
Und als sie's getan, starb sie?

Gora.
Sie lebt.

Medea.
Tat es und *lebt*! Entsetzlich! –
So viel weiß ich und so viel ist mir klar:
Unrecht erduld ich nicht ungestraft.
Aber *was* geschieht, weiß ich nicht, will's nicht wissen!
Verdient hat er alles, das Ärgste verdient,
Aber – schwach ist der Mensch;
Billig gönnt man zur Reue Zeit!

Gora.
Reue? – Frag ihn selbst ob's ihn reut;
Denn dort naht er mit eilendem Schritt.

Medea.
Mit ihm der König, mein arger Feind
Der ihn verlockt, der ihn verführt.
Ihm entweich ich, nicht zähmt' ich den Haß!
(Geht rasch dem Hause zu.)
Aber will *er*, will Jason mich sprechen,
So heiß ihn treten zu mir ins Gemach,
Dort will ich reden zu ihm, nicht hier,

An der Seite des Manns, der mein Feind.
Sie nahen. Fort! *(Ab ins Haus.)*

Gora.
Da geht sie hin!
Ich aber soll reden mit dem Mann
Der mein Kind verderbt, der gemacht,
Daß ich mein Haupt legen muß auf fremde Erde,
Des bittern Kummers Tränen verbergen muß,
Daß nicht drüber lacht fremder Männer Mund.

(Der König und Jason kommen.)

König.
Was flieht uns deine Frau? Das nützt ihr nichts.

Gora.
So floh sie denn? Sie ging. Weil sie dich haßt.

König.
Ruf sie heraus!

Gora.
Sie kommt nicht.

König.
Doch sie soll!

Gora.
Geh selbst hinein und sag ihr's, wenn du's wagst.

König.
Wo bin ich denn und *wer*? daß dieses Weib
In ihrer Wildheit mir zu trotzen wagt?
Die Magd fürwahr das Bild der Frau, und beide
Das Bild des dunkeln Landes, das sie zeugte.
Noch einmal: ruf sie her!

Gora *(auf Jason zeigend).*
Den will sie sprechen
Und hat er Mut dazu, tret' er ins Haus.

Jason.
Verwegne geh! mein Haß von Anfang her!
Und sag ihr, daß sie komme, die dir gleicht.

Gora.
O gliche sie mir doch! ihr trotztet nicht!
Doch sie wird's noch erkennen und dann weh euch!

Jason.
Ich will sie sprechen!

Gora.
Geh hinein.

Jason.
Das nicht!
Sie soll heraus! und du geh hin und sag ihr's!

Gora.
Nun wohl ich geh, euch länger nicht zu sehn,
Und sag ihr's an, doch kommt sie nicht, das weiß ich,
Zu sehr fühlt sie die Kränkung und sich selbst.
(Ab ins Haus.)

König.
Nicht einen Tag duld ich sie in Korinth.
Die sprach nur aus, was jene finster brütet;
Allzu gefährlich dünkt mir solche Nähe!
Auch deine Zweifel, hoff ich, sind besiegt.

Jason.
Verfahre, Herr, in deinem Richteramt!
Sie kann nicht länger stehen neben mir,
So gehe sie; noch mild ist diese Strafe.
Denn wahrlich, minder schuldig doch als sie,
Trifft mich ein härtres Los, ein schwererers.
Sie zieht hinaus in angeborne Wildnis,
Und wie ein Füllen, dem das Joch entnommen
Strebt sie hinfort in ungezähmten Trotz:
Ich aber muß hier still und ruhig weilen,

Belastet mit der Menschen Hohn und Spott,
Dumpf wiederkäuend die verfloßne Zeit.

König.
Du wirst dich wieder heben, glaube mir's.
Dem Bogen gleich, der raschen Schwunges losschnellt
Und fliegend zu dem Ziele schickt den Pfeil,
Sobald entfernt was seinen Rücken beugte,
Wirst du erstarken, ist nur sie erst fern.

Jason.
Ich fühle nichts in mir, das solcher Hoffnung Bürgschaft.
Verloren ist mein Name und mein Ruf,
Ich bin nur Jasons Schatten, nicht er selbst.

König.
Die Welt, mein Sohn, ist billiger, als du.
Des reifen Mannes Fehltritt ist Verbrechen,
Des Jünglings Fehltritt ein verfehlter Tritt,
Den man zurückzieht und ihn besser macht.
Was du in Kolchis tatst, ein rascher Knabe,
Vergessen ist's, zeigst du dich nun als Mann.

Jason.
Könnt' ich dir glauben, selig wär' ich dann!

König.
Laß sie erst fort sein und du sollst es sehn.
Hin vor's Gericht der Amphiktyonen
Tret ich für dich, verfechte deine Sache
Und zeige, daß nur sie es war, Medea,
Die das verübt, was man an dir verfolgt;
Daß sie die Dunkle, sie die Frevlerin.
Gelöset wird der Bannspruch, und wenn nicht,
Dann stehst du auf in deiner vollen Kraft,
Schwingst hoch das goldne Banner in die Luft,
Das du geholt vom Äußersten der Länder,
Und stromweis' wird die Jugend Griechenlands
Um dich sich scharen gegen jedermann,

Um den Gereinigten, den Neuerhobnen,
Den starken Hort, des Vlieses mächt'gen Held.
Du hast es doch?

Jason.
Das Vlies?

König.
Jawohl!

Jason.
Ich nicht!

König.
Doch nahm's Medea mit aus Pelias' Haus.

Jason.
So hat denn sie's!

König.
Sie muß es geben, *muß*.
Dir ist's der künft'gen Größe Unterpfand.
Du sollst mir groß noch werden, groß und stark,
Du meines alten Freundes einz'ger Sohn!
Es hat der König Kreon Macht und Gut,
Und gern teilt er's mit seinem Tochtermann.

Jason.
Auch meiner Väter Erbe fordr' ich dann,
Vom Sohn des Oheims, der mir's vorenthielt.
Ich bin nicht arm, wird alles mir zurück.

König.
Sie kommt, die uns noch stört, bald ist's getan.

(Medea kommt mit Gora aus dem Hause.)

Medea.
Was willst du mir?

König.
Die Diener, die ich sandte,
Du schicktest sie mit harten Worten fort

Und von mir selbst verlangtest du zu hören
Was ich geboten und was dir zu tun.

Medea.
So sag's.

König.
Nichts Fremdes, Neues künd ich dir.
Ich wiederhole nur den schon gesprochnen Bann
Und füge zu, daß du *noch heute gehst.*

Medea.
Und warum heute noch?

König.
Die Drohungen,
Die du gesprochen gegen meine Tochter –
Denn die gen mich veracht ich allzusehr, –
Der wilde Sinn, den du nur erst gezeigt
Sie nennen mir gefährlich deine Nähe
Und darum sollst du heute mir noch gehn.

Medea.
Gib mir die Kinder und ich tu's vielleicht.

König.
Du tust's *gewiß*. – Die Kinder aber bleiben!

Medea.
Wie, meine Kinder? Doch, wem sag ich das?
Mit *dem* da laß mich sprechen, mit dem Gatten!

König *(zu Jason).*
Tu's nicht!

Medea *(zu Jason).*
Ich bitte dicht

Jason.
Wohlan, es seit
Damit du siehst, daß ich dein Wort nicht scheue.
Laß uns, o König, hören will ich sie.

König.
Ich tu es ungern; schlau ist sie und listig.
(Er geht.)

Medea.
So, er ist fort. Kein Fremder stört uns mehr,
Kein Dritter drängt sich zwischen Mann und Weib;
Wir können reden, wie das Herz gebeut.
Und nun sag an mir, was du denkst?

Jason.
Du weißt's.

Medea.
Ich weiß wohl was du willst, nicht was du meinst.

Jason.
Das erstere genügt, denn es entscheidet.

Medea.
So soll ich gehen?

Jason.
Gehn!

Medea.
Noch heute?

Jason.
Heute!

Medea.
Das sagst du und stehst ruhig mir genüber
Und Scham senkt nicht dein Aug' und rötet nicht die Stirn?

Jason.
Erröten müßt' ich, wenn ich anders spräche.

Medea.
Das ist recht gut und sprich nur immer so,
Wenn du vor andern dich entschuld'gen willst,
Doch mir genüber laß den eiteln Schein!

Jason.
Die Scheu vor Greueln nennst du eiteln Schein?
Verdammt hat dich die Welt, verdammt die Götter,
Und so geb ich dich ihrem Urteil hin.
Denn wahrlich unverdient trifft es dich nicht!

Medea.
Wer ist der Fromme denn, mit dem ich spreche?
Ist das nicht Jason? und der wär' so mild?
Du Milder, kamst du nicht nach Kolchis hin
Und warbst mit Blut um seines Königs Kind?
Du Milder! schlugst du meinen Bruder nicht?
Fiel nicht mein Vater dir, du Frommer, Milder?
Verlässest du das Weib nicht, das du stahlst
Du Milder, du Entsetzlicher, Verruchter!

Jason.
Du schmähest. Das zu hören ziemt mir nicht.
Du weißt nun was zu tun, und so leb wohl!

Medea.
Noch weiß ich's nicht , drum bleibe, bis ich's weiß.
Bleib! Ruhig will ich sein. Ruhig wie du.
Verbannung wird mir also? und was dir?
Mich dünkt auch dich traf ja des Herolds Spruch?

Jason.
Sobald bekannt, daß ich am Frevel rein
Am Tod des Oheims, löst der Bann sich auf.

Medea.
Und du lebst froh und ruhig fürder dann?

Jason.
Ich lebe still, wie's Unglücksel'gen ziemt.

Medea.
Und ich?

Jason.
Du trägst das Los das du dir selbst bereitet.

Medea.
Das ich bereitet! Du wärst also rein?

Jason.
Ich bin's!

Medea.
Und um den Tod des Oheims hast
Du nicht gebetet?

Jason.
Ihn befördert nicht!

Medea.
Mich nicht versucht, ob ich's nicht üben wollte?

Jason.
Der erste Zorn spricht manches sprudelnd aus
Was reifer überdacht er nimmer übt.

Medea.
Einst klagtest du dich selber dessen an
Nun ist gefunden, der die Schuld dir trägt.

Jason.
Nicht der Gedanke wird bestraft, die Tat!

Medea *(rasch).*
Ich aber tat es nicht!

Jason.
Wer sonst?

Medea.
Ich nicht!
Hör mein Gemahl und dann erst richte mich.
Als ich an die Pfoste trat,
Das Vlies zu holen,
Der König auf seinem Lager;
Da hör ich schreien; hingewendet
Seh ich den Mann vom Lager springen
Heulend, bäumend sich umwindend.

Kommst du Bruder, schreit er,
Rache zu nehmen, Rache an mir!
Noch einmal sollst du sterben, noch einmal!
Und springt hin und faßt nach mir,
In deren Hand das Vlies.
Ich erbebte und schrie auf
Zu den Göttern, die ich kenne.
Das Vlies hielt ich mir vor als Schild.
Da zuckt Wahnsinns Grinsen durch seine Züge,
Heulend faßt er die Bande seiner Adern,
Sie brechen, in Güssen strömt hin sein Blut
Und als ich um mich schaue, entsetzt, erstarrt,
Liegt der König zu meinen Füßen
Im eignen Blut gebadet,
Kalt und tot.

Jason.
Das sagst du mir, Zaub'rische! Gräßliche?
Hebe dich weg von mir! Fort!
Mir graut vor dir! Daß ich dich je gesehn!

Medea.
Du hast es ja gewußt. Das erstemal
Als du mich sahst, sahst mich in meinem Dienst.
Und doch verlangtest, strebtest du nach mir.

Jason.
Ein Jüngling war ich, ein verwegner Tor
Der Mann verwirft was Knaben wohlgefällt.

Medea.
O schilt das goldne Jugendalter nicht!
Der Kopf ist rasch, allein das Herz ist gut!
O wärst du, der du warst, mir wäre besser!
Nur einen Schritt komm in die schöne Zeit,
Da wir in unsrer Jugend frischem Grünen
Uns fanden an des Phasis Blumenstrand.
Wie war dein Herz so offen und so klar
Das meine trüber und in sich verschloßner

Doch du drangst durch mit deinem milden Licht
Und hell erglänzte meiner Sinne Dunkel.
Da ward ich dein, da wardst du mein. O Jason!
So ist dir ganz dahin, die schöne Zeit,
So hat die Sorge dir für Haus und Herd
Für Ruf und Ruhm dir ganz getötet
Die schönen Blüten von dem Jugendbaum?
O sieh, in Schmerz und Jammer, wie ich bin,
Denk ich noch oft der schönen Frühlingszeit
Und warme Lüfte wehn mir draus herüber.
War dir Medea damals lieb und wert
Wie ward sie dir denn gräßlich und abscheulich?
Du kanntest mich und suchtest dennoch mich,
Du nahmst mich wie ich war, behalt mich, wie ich bin!

Jason.
Der Dinge denkst du nicht, die seither sind geschehn!

Medea.
Entsetzlich sind sie, ja ich geb es zu,
Am Vater hab ich schlimm, am Bruder schlimm getan!
Und ich verdamme selber mich darob
Man strafe mich, ich will ja gerne büßen,
Doch du sollst mich nicht strafen, Jason, du nicht!
Denn was ich tat, zu Liebe tat ich's dir.
Komm, laß uns fliehn, vereint, mitsammen fliehn!
Es nehm' uns auf ein fernes Land!

Jason.
    Und welches?
Wohin?

Medea.
    Wohin?

Jason.
        Du rasest und du schiltst mich,
Daß ich mit dir nicht rase. Es ist aus.
Die Götter haben unsern Bund verflucht,

Als einen der mit Greueltat begann
Und in Verbrechen wuchs und Nahrung suchte.
Laß sein, daß du den König nicht getötet;
Wer war dabei, wer sah's, wer glaubt dir?

Medea.
Du!

Jason.
Und wenn auch ich, was kann ich? was vermag ich?
Drum laß uns weichen dem Geschick, nicht trotzen!
Die Strafe nehme jedes büßend hin,
Du, da du fliehst, wo du nicht bleiben kannst,
Ich, da ich bleibe, wo ich fliehen möchte.

Medea.
Den schwerem Teil hast du dir nicht erwählt!

Jason.
So wär' es leicht, zu leben als ein Fremdling
In fremden Haus, von fremden Mitleids Gaben?

Medea.
Dünkt's dir so schwer, was wählst du nicht die Flucht?

Jason.
Wohin und wie?

Medea.
Einst warst du minder sorglich,
Als du nach Kolchis kamst, die Vaterstadt verlassend,
Und eitelm Ruhme nach durch ferne Länder zogst.

Jason.
Ich bin nicht der ich war, die Kraft ist mir gebrochen,
Und in der Brust erstorben mir der Mut.
Das dank ich dir. Erinnrung des Vergangnen
Liegt mir wie Blei auf meiner bangen Seele
Das Aug' kann ich nicht heben und das Herz.
Auch ist der Knabe Mann seit dem geworden,
Und nicht mehr kindisch mit den Blüten spielend,

Greift er nach Frucht, nach Wirklichkeit, Bestand.
Die Kinder sind mir und kein Ort für sie,
Besitztum muß ich meinen Enkeln werben.
Soll Jasons Stamm, wie trocknes Heidekraut,
Am Wege stehn, vom Wanderer getreten?
Hast du mich je geliebt, war ich dir wert,
So zeig es, da du mich mir selber gibst
Und mir ein Grab gönnst in der heim'schen Erde!

Medea.
Und auf der heimischen Erd' ein neues Ehebett?
Nicht so?

Jason.
Was soll das!

Medea.
Hab ich's nicht gehört
Wie er Verwandt dich hieß und Sohn und Eidam?
Kreusa locket dich, und darum bleibst du?
Nicht also? Hab ich dich?

Jason.
Du hattest nie mich,
Und hast auch jetzt mich nicht.

Medea.
So willst du büßen?
Und darum soll Medea fort von dir?
Stand ich denn nicht dabei, dabei in Tränen,
Wie du mit ihr vergangne Zeit durchgingst
Bei jedem Schritte stillstandst, süß verweilend,
Zum Echo schwandest der Erinnerung?
Ich aber geh nicht, *nicht!*

Jason.
So ungerecht,
So hart und wild wie immer!

Medea.

Ungerecht?
So wünschest du sie nicht zum Weib? Sag: Nein!

Jason.

Den Ort such ich, mein Haupt zur Ruh' zu legen;
Was sonst kommt weiß ich nicht!

Medea.

Ich aber weiß es,
Und denk es noch zu wehren, hilft ein Gott.

Jason.

Du kannst nicht ruhig sprechen, leb denn wohl.
(Er geht.)

Medea.

Jason!

Jason *(umkehrend)*.

Was ist?

Medea.

Es ist das letztemal
Das letztemal vielleicht, daß wir uns sprechen!

Jason.

So laß uns scheiden ohne Haß und Groll.

Medea.

Du hast zu Liebe mich verlockt und fliehst mich?

Jason.

Ich muß.

Medea.

Du hast den Vater mir geraubt
Und raubst mir den Gemahl?

Jason.

Gezwungen nur.

Medea.
Mein Bruder fiel durch dich, du nahmst mir ihn,
Und fliehst mich?

Jason.
Wie er fiel, gleich unverschuldet.

Medea.
Mein Vaterland verließ ich, dir zu folgen.

Jason.
Dem eignen Willen folgtest du, nicht mir.
Hätt's dich gereut, gern ließ ich dich zurück!

Medea.
Die Welt verflucht um deinetwillen mich,
Ich selber hasse mich um deinetwillen,
Und du verläßt mich?

Jason.
Ich verlaß dich nicht,
Ein höhrer Spruch treibt mich von dir hinweg.
Hast du dein Glück verloren, wo ist meins?
Nimm als Ersatz mein Elend für das deine!

Medea.
Jason! *(Sie fällt auf die Knie.)*

Jason.
Was ist? Was willst du weiter?

Medea *(aufstehend).*
Nichts!
Es ist vorbei! – Verzeihet meine Väter,
Verzeiht mir Kolchis' stolze Götter
Daß ich mich selbst erniedriget und euch.
Das Letzte galt's. Nun habt ihr mich!

(Jason wendet sich zu gehen.)

Medea.
Jason!

Jason.
Glaub nicht mich zu erweichen!

Medea.
Glaub nicht ich wollt' es. Gib mir meine Kinder!

Jason.
Die Kinder? Nimmermehr!

Medea.
Es sind die Meinen!

Jason.
Des Vaters Namen fügt man ihnen bei
Und Jasons Name soll nicht Wilde schmücken.
Hier in der Sitte Kreis erzieh ich sie.

Medea.
Gehöhnt von Stiefgeschwistern? Sie sind mein!

Jason.
Mach nicht, daß sich mein Mitleid kehr' in Haß!
Sei ruhig, das nur mildert dein Geschick.

Medea.
Wohl denn, so will ich mich auf Bitten legen! –
Mein Gatte! – Nein, das bist du ja nicht mehr –
Geliebter! – Nein, das bist du nie gewesen –
Mann! – wärst du Mann und brächst dein heilig Wort –
Jason! – pfui! das ist ein Verrätername –
Wie nenn ich dich? Verruchter! – Milder! Guter!
Gib meine Kinder mir und laß mich gehn!

Jason.
Ich kann nicht, sagt' ich dir, ich kann es nicht.

Medea.
So hart? Der Gattin nimmst du ihren Gatten,
Und weigerst nun der Mutter auch ihr Kind!

Jason.
Nun wohl, daß du als billig mich erkennst,
Der Knaben einer ziehe denn mit dir!

Medea.
Nur einer? Einer?

Jason.
Fordre nicht zuviel!
Das wen'ge fast verletzt schon meine Pflicht.

Medea.
Und welcher?

Jason.
Ihnen selbst, den Kindern sei die Wahl.
Und welcher will, den nimmst du mit dir fort

Medea.
O tausend Dank, du Gütiger, du Milder!
Der lügt fürwahr, der dich Verräter nennt.

(König kommt.)

Jason.
O König komm!

König.
So ist es abgetan?

Jason.
Sie geht. Der Kinder eines geb ich ihr.
(Zu einem, der mit dem Könige kam.)
Du eile, bring die Kleinen zu uns her!

König.
Was tust du? Beide bleiben sie zurück!

Medea.
Was mir so wenig scheint, dünkt dir zuviel?
Die Götter fürchte, allzu strenger Mann!

König.
Die Götter auch sind streng der Freveltat.

Medea.
Doch sehn sie auch was uns zur Tat gebracht.

König.
Des Herzens böses Trachten treibt zum Bösen.

Medea.
Was sonst zum Übeln treibt, zählst du für nichts?

König.
Ich richte selbst mich streng, drum kann ich's andre.

Medea.
Indem du Frevel strafst verübst du sie.

Jason.
Sie soll nicht sagen, daß ich allzuhart,
Drum hab ich eins der Kinder ihr gewährt,
In Leid und Not der Mutter lieber Trost.

(Kreusa kommt mit den Kindern.)

Kreusa.
Die Kinder fordert man, ward mir gesagt
Was will man denn, und was soll denn geschehn?
O sieh, sie lieben mich, nur erst gekommen,
Als ob wir jahrelang uns sähn und kennten.
Mein mildes Wort, den Armen ungewohnt,
Gewann mir sie, wie mich ihr Unglück ihnen.

König.
Der Kinder eines soll der Mutter folgen.

Kreusa.
Verlassen uns?

König.
So ist's, so will's der Vater!
(Zu Medeen, die in sich versunken dagestanden ist.)
Die Kinder, sie sind hier, nun laß sie wählen!

Medea.
Die Kinder! Meine Kinder! Ja, sie sind's!
Das einz'ge was mir bleibt auf dieser Erde.
Ihr Götter, was ich schlimmes erst gedacht,
Vergeßt es und laßt sie mir beide, beide!
Dann will ich gehn und eure Güte preisen,
Verzeihen ihm und – nein *ihr* nicht! – *Ihm* auch nicht!
Hierher ihr Kinder, hier! – Was steht ihr dort
Geschmiegt an meiner Feindin falsche Brust?
O wüßtet ihr was sie mir angetan,
Bewaffnen würdet ihr die kleinen Hände,
Zu Krallen krümmen eure schwachen Finger,
Den Leib zerfleischen, den ihr jetzt berührt.
Verlockst du meine Kinder? Laß sie los!

Kreusa.
Unselig Weib, ich halte sie ja nicht.

Medea.
Nicht mit der Hand, doch hältst du, wie den Vater,
Sie mit dem heuchlerischen, falschen Blick.
Lachst du? Du sollst noch weinen, sag ich dir!

Kreusa.
O strafen mich die Götter, lacht' ich jetzt!

König.
Brich nicht in Zorn und Schmähung aus, o Weib
Tu ruhig was dir zukommt, oder geh!

Medea.
Du mahnest recht, o mein gerechter König
Nur nicht so gütig, scheint es, als gerecht.
Wie oder auch? Nun ja, wohl beides gleich!
Ihr Kinder seht, man schickt die Mutter fort,
Weit über Meer und Land, wer weiß wohin?
Die güt'gen Menschen, euer Vater aber
Und der gerechte, gute König da,
Sie haben ihr erlaubt, von ihren Kindern,

Der Mutter von den Kindern eines, eins –
Ihr hohen Götter hört ihr's? *Eines* nur! –
Mit sich zu nehmen auf die lange Fahrt.
Wer nun von beiden mich am meisten liebt,
Der komm' zu mir, denn beide dürft ihr nicht.
Der andre muß zurück beim Vater bleiben
Und bei des falschen Mannes falscher Tochter! –
Hört ihr? – Was zögert ihr?

König.
Sie wollen nicht!

Medea.
Das lügst du, falscher, ungerechter König!
Sie wollen, doch dein Kind hat sie verlockt!
Hört ihr mich nicht? – Verruchte! Gräßliche!
Der Mutter Fluch, des Vaters Ebenbild!

Jason.
Sie wollen nicht!

Medea.
Laß jene sich entfernen!
Die Kinder lieben mich, bin ich nicht Mutter?
Doch sie winkt ihnen zu und lockt sie ab.

Kreusa.
Ich trete weg, ist gleich dein Argwohn falsch.

Medea.
Nun kommt zu mir! – Zu mir! – Natterbrut!

(Sie geht einige Schritte auf sie zu; die Kinder fliehen zu Kreusen.)

Medea.
Sie fliehn mich! Fliehn!

König.
Du siehst Medea nun,
Die Kinder wollen nicht, und also geh!

Medea.
Sie wollen nicht? Die Kinder die Mutter nicht?
Es ist nicht wahr, unmöglich! –
Ason, mein Ältester, mein Liebling!
Sieh deine Mutter ruft dir, komm zu ihr!
Ich will nicht mehr rauh sein und hart
Du sollst mein Kostbarstes sein, mein einzigs Gut
Höre die Mutter! Komm! –
Er wendet sich ab! Er kommt nicht!
Undankbarer! Ebenbild des Vaters!
Ihm ähnlich in den falschen Zügen
Und mir verhaßt wie er!
Bleib zurück, ich kenne dich nicht! –
Aber du Absyrtus, Schmerzenssohn,
Mit dem Antlitz des beweinten Bruders,
Mild und sanft wie er,
Sieh deine Mutter liegt hier knieend
Und fleht zu dir.
Laß sie nicht bitten umsonst!
Komm zu mir, mein Absyrtus
Komm zur Mutter! –
Er zögert! – Auch du nicht? –
Wer gibt mir einen Dolch?
Ein Dolch für mich und sie! *(Sie springt auf.)*

Jason.
Dir selber dank es, daß dein wildes Wesen
Die Kleinen abgewandt, zur Milde hin.
Der Kinder Ausspruch war der Götter Spruch!
Und so geh hin, nie aber bleiben da.

Medea.
Ihr Kinder hört mich!

Jason.
Sieh! sie hören nicht!

Medea.
Kinder!

König *(zu Kreusen).*
Führ sie ins Haus zurück
Nicht *hassen* sollen sie, die sie gebar.

(Kreusa mit den Kindern zum Abgang gewendet.)

Medea.
Sie fliehn, *meine* Kinder fliehn vor mir!

König *(zu Jason).*
Komm! Das Notwendige beklagt man fruchtlos!

(Sie gehen.)

Medea.
Meine Kinder! Kinder!

Gora *(die hereingekommen ist).*
Bezwinge dich
Gönne nicht deinen Feinden ihres Sieges Anblick!

Medea *(die sich zur Erde wirft).*
Ich bin besiegt, vernichtet, zertreten
Sie fliehn mich, fliehn!
Meine Kinder fliehn!

Gora *(über sie gebeugt).*
Stirb nicht!

Medea.
Laß mich sterben!
Meine Kinder!

(Der Vorhang fällt.)

Vierter Aufzug

Vorhof vor Kreons Burg wie im vorigen Aufzuge. Abenddämmerung.

Medea liegt hingestreckt auf die Stufen, die zu ihrer Wohnung führen. Gora steht vor ihr.

Gora.
Steh auf Medea und sprich!
Was liegst du da, starrst schweigend vor dich hin?
Steh auf und sprich!
Rate unserm Jammer!

Medea.
Kinder! Kinder!

Gora.
Fort sollen wir, eh' dunkelt die Nacht,
Und schon senkt sich der Abend.
Auf! Rüste dich zur Flucht!
Sie kommen, sie töten uns!

Medea.
O meine Kinder!

Gora.
Steh auf, Unglückselige
Und töte mich nicht mit deinem Jammer!
Hätt'st mir gefolgt, mich gehört,
Wären wir daheim in Kolchis,
Die Deinen lebten, alles wär' gut.
Steh auf! Was hilft Weinen? Steh auf!

Medea *(sich halb aufrichtend und nur mit den Knien auf den Stufen liegend).*
So kniet' ich, so lag ich,
So streckt' ich die Hände aus,
Aus nach den Kindern und bat
Und flehte: Eines nur,
Ein einziges von meinen Kindern –
Gestorben wär' ich, mußt' ich das zweite missen! –
Aber auch das eine nicht! – Keines kam.

Flüchtend bargen sie sich im Schoß der Feindin
(aufspringend)
Er aber lachte drob und *sie!*

Gora.
O des Jammers! Des Wehs!

Medea.
Nennt ihr das Vergeltung, Götter?
Liebend folgt' ich, das Weib dem Mann;
Starb mein Vater, hab *ich* ihn getötet?
Fiel mein Bruder, fiel er durch *mich*?
Beklagt hab ich sie, in Qualen beklagt.
Glühende Tränen goß ich aus
Zum Trankopfer auf ihr fernes Grab.
Wo kein Maß ist, ist keine Vergeltung.

Gora.
Wie du die Deinen, verlassen sie dich!

Medea.
So will ich sie treffen, wie die Götter mich!
Ungestraft sei kein Frevel auf der Erde,
Mir laßt die Rache, Götter! ich führe sie aus!

Gora.
Denk auf dein Heil, auf andres nicht!

Medea.
Und was hat dich denn so weich gemacht?
Schnaubtest erst Grimm, und nun so zagend?

Gora.
Laß mich! Als ich die Kinder fliehn sah
Den Arm der Mutter, der Pflegerin,
Da erkannt' ich die Hand der Götter,
Da brach mir das Herz,
Da sank mir der Mut.
Hab sie gewartet, gepflegt,
Sie meine Freude, mein Glück.
Die einz'gen reinen Kolcher sie,

An die ich wenden konnte
Die Liebe für mein fernes Vaterland.
Du warst mir längst entfremdet, längst;
In ihnen sah ich Kolchis wieder,
Den Vater dein und deinen Bruder,
Mein Königshaus und *dich,*
Wie du *warst*, nicht wie du *bist.*
Hab sie gehütet, gepflegt,
Wie den Apfel meines Auges
Und nun –

Medea.
Lohnen sie dir, wie der Undank lohnt!

Gora.
Schilt nicht die Kinder, sie sind gut!

Medea.
Gut? Und flohen die Mutter?
Gut? Sie sind Jasons Kinder!
Ihm gleich an Gestalt, an Sinn,
Ihm gleich in meinem Haß.
Hätt' ich sie hier, ihr Dasein in meiner Hand,
In dieser meiner ausgestreckten Hand,
Und ein Druck vermochte zu vernichten
All was sie sind und waren, was sie werden sein, –
Sieh her! – Jetzt wären sie nicht mehr!

Gora.
Oh, weh der Mutter, die die Kinder haßt!

Medea.
Und was ist's auch mehr? was mehr?
Bleiben sie hier beim Vater zurück,
Beim treulosen, schändlichen Vater,
Welches ist ihr Los?
Stiefgeschwister kommen,
Höhnen sie, spotten ihrer
Und ihrer Mutter,

Der Wilden aus Kolchis.
Sie aber, entweder dienen als Sklaven,
Oder der Ingrimm, am Herzen nagend,
Macht sie arg, sich selbst ein Greuel:
Denn wenn das Unglück dem Verbrechen folgt,
Folgt öfter das Verbrechen noch dem Unglück.
Was ist's denn auch zu leben?
Ich wollt', mein Vater hätte mich getötet,
Da ich noch klein war,
Noch nichts, wie jetzt, geduldet,
Noch nichts gedacht – wie jetzt.

Gora.
Was schauderst du? was überdenkst du?

Medea.
Daß ich fort muß, ist gewiß
Minder aber noch, was sonst geschieht.
Denk ich des Unrechts, das ich erlitt,
Des Frevels, den man an mir verübt,
So entglüht in Rache mein Herz
Und das Entsetzlichste ist mir das Nächste. –
Die Kinder liebt er, sieht er doch sein Ich,
Seinen Abgott, sein eignes Selbst
Zurückgespiegelt in ihren Zügen.
Er soll sie nicht haben, soll nicht!
Ich aber will sie nicht, die Verhaßten!

Gora.
Komm mit hinein, was weilst du hier?

Medea.
Dann leer das ganze Haus und ausgestorben,
Verwüstung brütend in den öden Mauern,
Nichts lebend als Erinnerung und Schmerz.

Gora.
Bald nahen sie, die uns vertreiben. Komm!

Medea.
Die Argonauten, sagtest du,
Sie fanden alle ein unselig Grab,
Die Strafe des Verrats, der Freveltat?

Gora.
So ist's und Jason findet es wohl auch.

Medea.
Er wird's, ich sage dir, er wird's!
Den Hylas schlang das Wassergrab hinab,
Den Theseus fing der Schatten düstrer König
Und wie hieß sie, das Griechenweib,
Die eignes Blut am eignen Blut gerächt?
Wie hieß sie? Sag.

Gora.
Ich weiß nicht, was du meinst.

Medea.
Althea hieß sie.

Gora.
Die den Sohn erschlug?

Medea.
Dieselbe, ja! Wie kam's, erzähl mir das.

Gora.
Den Bruder schlug er ihr beim Jagen tot.

Medea.
Den Bruder nur, den Vater nicht dazu,
Sie nicht verlassen, nicht verstoßen, nicht gehöhnt
Und dennoch traf sie ihn zum Tod
Den grimmen Meleager ihren Sohn.
Althea hieß sie, – war ein Griechenweib! –
Und als er tot?

Gora.
Hier endet die Geschichte.

Medea.
Sie endet! Du hast recht der Tod beendet.

Gora.
Was nützen Worte?

Medea.
Zweifelst an der Tat?
Sieh! bei den hohen Göttern! hätt' er
Die Kinder *beide* mir gegeben – Nein!
Könnt' ich sie *nehmen*, gäb' er sie mir auch,
Könnt' ich sie lieben wie ich jetzt sie hasse,
Wär' etwas in der weiten Welt geblieben,
Das er mir nicht vergiftet, nicht zerstört:
Vielleicht, daß ich jetzt ginge, meine Rache
Den Göttern lassend; aber so nicht, nun nicht!
Man hat mich bös genannt, ich war es nicht:
Allein ich fühle, daß man's werden kann.
Entsetzliches gestaltet sich in mir,
Ich schaudre – doch ich freu mich auch darob.
Wenn's nun vollendet ist, getan – *(ängstlich)* Gora!

Gora.
Was ist?

Medea.
Komm her!

Gora.
Warum?

Medea.
Zu mir!
Da lagen sie die beiden – und die Braut –
Blutend, tot. – Er daneben rauft sein Haar.
Entsetzlich, gräßlich!

Gora.
Um der Götter willen!

Medea.
Ha, ha! Erschrickst wohl gar?
Nur lose Worte sind es, die ich gebe,
Dem alten Wollen fehlt die alte Kraft.
Ja, wär' ich noch Medea, doch ich bin's nicht mehr!
O Jason! Warum tatest du mir das?
Ich nahm dich auf, ich schützte, liebte dich,
Was ich besaß, ich gab es für dich hin,
Warum verlässest und verstößt du mich?
Was treibst du mir die guten Geister aus
Und führest Rachgedanken in mein Herz?
Mir Rachgedanken, ohne Kraft zur Rache!
Die Macht, die mir von meiner Mutter ward,
Der ernsten Kolcherfürstin Hekate,
Die mir zum Dienste dunkle Götter band,
Versenkt hab ich sie, dir zulieb' versenkt,
Im finstern Schoß der mütterlichen Erde.
Der schwarze Stab, der blutigrote Schleier,
Sie sind dahin und hilflos steh ich da,
Den Feinden, statt ein Schrecken, ein Gespött!

Gora.
So sprich davon nicht, wenn du's nicht vermagst!

Medea.
Ich weiß wohl, wo es liegt.
Da draußen an dem Strand der Meeresflut,
Dort hab ich's eingesargt und eingegraben,
Zwei Handvoll Erde weg – und es ist mein!
Allein im tiefsten Innern schaudr' ich auf
Denk ich daran und an das blut'ge Vlies.
Mir dünkt des Vaters und des Bruders Geist
Sie brüten drob und lassen es nicht los.
Weißt noch, wie er am Boden lag
Der greise Vater, weinend ob dem Sohn
Und fluchend seiner Tochter? Jason aber
Schwang hoch das Vlies in gräßlichem Triumph.
Da schwor ich Rache, Rache dem Verräter,

Der erst die Meinen tötete, nun mich.
Hätt' ich mein Blutgerät, ich führt' es aus
Allein nicht wag ich es zu holen;
Denn säh' ich in des goldnen Zeichens Glut
Des Vaters Züge mir entgegenstarren,
Von Sinnen käm' ich, glaube mir!

Gora.
Was also tust du?

Medea.
Laß sie kommen!
Laß sie mich töten, es ist aus!
Von hier nicht geh ich, aber sterben will ich,
Vielleicht stirbt er mir nach, von Reu' erwürgt.

Gora.
Der König naht, trag Sorge doch für dich!

Medea.
Erarmt bin ich an Macht, was kann ich tun?
Will er zertreten mich? er trete nur!

(Der König kommt.)

König.
Der Abend dämmert, deine Frist ist um!

Medea.
Ich weiß.

König.
Bist du bereit zu gehn?

Medea.
Du spottest!
Wenn *nicht* bereit, müßt' ich drum minder gehn?

König.
Mich freut, daß ich dich so besonnen finde.
Du machst dir die Erinnrung minder herb

Und sicherst deinen Kindern großes Gut:
Sie dürfen nennen, welche sie gebar.

Medea.
Sie dürfen? Wenn sie wollen, meinst du doch?

König.
Daß sie es wollen, sei die Sorge mein.
Erziehen will ich sie zu künft'gen Helden,
Und einst, wer weiß? führt ihre Ritterfahrt
Sie hin nach Kolchis und die Mutter drücken sie,
Gealtert, wie an Jahren, so an Sinn,
Mit Kindesliebe an die Kindesbrust.

Medea.
Weh mir!

König.
Was ist dir?

Medea.
Ach, ein Rückfall nur
Und ein Vergessen dessen was geschah.
War dies zu sagen deines Kommens Grund
Wie, oder willst du andres noch von mir?

König.
Noch eins vergaß ich und das sag ich nun.
Von Schätzen nahm dein Gatte manches mit
Aus Jolkos fliehend nach des Oheims Tod.

Medea.
Im Hause liegt's verwahrt, geh hin und nimm's!

König.
Wohl ist das goldne Kleinod auch dabei,
Das Vlies, der Preis des Argonautenzugs?
Was wendest du dich ab und gehst? Gib Antwort!
Ist es darunter?

Medea.
Nein.

König.
Wo ist es also?

Medea.
Ich weiß es nicht.

König.
Du nahmst es aber fort
Aus Pelias' Haus; der Herold sagte so.

Medea.
Hat er's gesagt, so ist's auch wahr.

König.
Wo ist es?

Medea.
Ich weiß es nicht.

König.
Glaub nicht uns zu betrügen!

Medea.
Wenn du mir's gibst, mein Leben zahl ich drum;
Hätt' ich's, du stündest drohend nicht vor mir!

König.
Nahmst du's von Jolkos nicht mit dir?

Medea.
Ich nahm's.

König.
Und nun?

Medea.
Hab ich's nicht mehr.

König.
Wer sonst?

Medea.
Die Erde.

König.
Versteh ich dich? das also wär' es, das?
(Zu seinen Begleitern.)
Bringt her was ich gebot. Ihr wißt es ja!
(Sie gehen ab.)
Denkst du zu täuschen uns mit Doppelsinn?
Die Erde hat es; nun versteh ich dich.
Schau nicht hinweg! nach mir sieh her und höre!
Am Strand des Meers, wo ihr heut nacht gelagert,
Als einen Altar man auf mein Geheiß
Dem Schatten Pelias' erbauen wollte,
Fand man – erbleichst du? – frisch im Grund vergraben –
Ein Kistchen, schwarz, mit seltsam fremden Zeichen.
(Die Kiste wird gebracht.)
Sieh zu, ob's dir gehört?

Medea *(drauf losstürzend).*
Ja! Mir gehört es! – Mein!

König.
Ist drin das Vlies?

Medea.
Es ist.

König.
So gib's!

Medea.
Ich geb es!

König.
Fast reut das Mitleid mich, das ich dir schenkte,
Da hinterlistig du uns täuschen wolltest.

Medea.
Sei sicher, du erhältst, was dir gebührt.
Medea bin ich wieder, Dank euch Götter!

König.
Schließ auf und gib!

Medea.
Jetzt nicht.

König.
Wann sonst?

Medea.
Gar bald;
Zu bald!

König.
So send es zu Kreusen hin.

Medea.
Hin zu Kreusen! Zu Kreusa? – Ja!

König.
Enthält die Kiste andres noch?

Medea.
Gar manches!

König.
Dein Eigentum?

Medea.
Doch schenk ich auch davon!

König.
Dein Gut verlang ich nicht; behalt was dein!

Medea.
Nicht doch! ein klein Geschenk erlaubst du mir!
Die Tochter dein war mir so mild und hold,
Sie wird die Mutter meiner Kinder sein,
Gern möcht' ich ihre Liebe mir gewinnen!
Das Vlies lockt *euch*, vielleicht gefällt ihr Schmuck.

König.
Tu wie du willst, allein bedenk dich selbst.
Kreusa ist dir hold gesinnt, das glaube.
Nur erst bat sie, die Kinder dir zu senden,
Daß du sie sähest noch bevor du gehst

Und Abschied nähmest für die lange Fahrt.
Ich schlug es ab, weil ich dich tobend glaubte,
Doch da du ruhig bist, sei dir's gewährt.

Medea.
O tausend Dank, du güt'ger, frommer Fürst!

König.
Bleib hier, die Kinder send ich dir heraus!
(König ab.)

Medea.
Er geht! Er geht dahin in sein Verderben!
Verruchte, bebtet ihr denn schaudernd nicht
Als ihr das Letzte nahmt der frech Beraubten?
Doch Dank euch! Dank! Ihr gabt mir auch mich selbst.
Schließ auf die Kiste!

Gora.
Ich vermag es nicht.

Medea.
Vergaß ich doch, womit ich sie verschloß!
Den Schlüssel halten Freunde, die ich kenne.
(Gegen die Kiste gewendet.)

Untres herauf
Obres hinab
Öffne dich bergendes
Hüllendes Grab!

(Die Kiste springt auf.)
Der Deckel springt. Noch bin ich machtlos nicht!
Da liegt's! Der Stab! Der Schleier! Mein! Ah, mein!
(Es herausnehmend.)
Ich fasse dich, Vermächtnis meiner Mutter,
Und Kraft durchströmt mein Herz und meinen Arm!
Ich werfe dich ums Haupt, geliebter Schleier!
(Sich einhüllend.)
Wie warm, wie weich! wie neu belebend!

Nun kommt, nun kommt, ihr Feindesscharen alle
Vereint gen mich! Vereint in eurem Falle!

Gora.
Da unten blinkt es noch!

Medea.
Laß blinken, blinken!
Bald lischt der Glanz in Blut!
Hier sind sie, die Geschenke, die ich bringe.
Du aber sei die Botin meiner Huld!

Gora.
Ich?

Medea.
Du. Du geh zur Königstochter hin
Sprich sie mit holden Schmeichelworten an
Bring ihr Medeens Gruß und was ich sende.
(Die Sachen aus der Kiste nehmend.)
Erst dies Gefäß; es birgt gar teure Salben,
Erglänzen wird die Braut, eröffnet sie's!
Allein sei sorgsam, schüttl' es nicht!

Gora.
Weh mir!

(Sie hat das Gefäß mit der Linken schief gefaßt. Da sie mit der Rechten unterstützend den Deckel faßt, wird dieser etwas gehoben und eine helle Flamme schlägt heraus.)

Medea.
Sagt' ich dir nicht, du sollst nicht schütteln!

Kehr in dein Haus
Züngelnde Schlange
Bleibst nicht lange
Harre noch aus.

Nun halt es und mit Vorsicht sag ich dir!

Gora.
Mir ahnet Entsetzliches!

Medea.
Fängst an zu merken? Ei was bist du klug!

Gora.
Und ich soll's tragen?

Medea.
Ja! Gehorche Sklavin!
Wagst du zu widerreden? Schweig! Du sollst. Du mußt.
Hier auf die Schale weit gewölbt von Gold,
Setz ich das zierlich reiche Prachtgefäß.
Und drüber deck ich, was so sehr sie lockt,
Das Vlies –
(Indem sie es darüber wirft.)
Geh hin und tu was deines Amts!
Darüber aber schlinge sich dies Tuch,
Mit reichem Saum, ein Mantel, königlich,
Geheimnisvoll umhüllend das Geheime.

Nun geh und tu wie ich es dir befahl,
Bring das Geschenk, das Feind dem Feinde sendet.

(Eine Sklavin kommt mit den Kindern.)

Sklavin.
Die Kinder schickt mein königlicher Herr,
Nach einer Stunde hol ich sie zurück.

Medea.
Sie kehren früh genug zum Hochzeitschmaus!
Geleite diese hier zu deiner Fürstin,
Mit Botschaft geht sie, mit Geschenk von mir.

Du aber denke was ich dir befahl!
Sprich nicht! Ich will's! – Geleite sie zur Herrin.

(Gora und die Sklavin ab.)

Medea.
Begonnen ist's, doch noch vollendet nicht.
Leicht ist mir, seit mir deutlich, was ich will.

(Die Kinder, Hand in Hand, wollen der Sklavin folgen.)

Medea.
Wohin?

Knabe.
Ins Haus!

Medea.
Was sucht ihr drin im Haus?

Knabe.
Der Vater hieß uns folgen jener dort.

Medea.
Die Mutter aber heißt euch bleiben. Bleibt!
Wenn ich bedenk, daß es mein eigen Blut,
Das Kind, das ich im eignen Schoß getragen,
Das ich genährt an dieser meiner Brust,
Daß es mein Selbst, das sich gen mich empört,
So zieht der Grimm mir schneidend durch das Innre,
Und Blutgedanken bäumen sich empor. –

Was hat denn eure Mutter euch getan,
Daß ihr sie flieht, euch Fremden wendet zu?

Knabe.
Du willst uns wieder führen auf dein Schiff
Wo's schwindlicht ist und schwül. Wir bleiben da.
Gelt Bruder?

Kleine.
Ja.

Medea.
Auch du Absyrtus, du?
Allein es ist so besser, besser – ganz!
Kommt her zu mir!

Knabe.

Ich fürchte mich.

Medea.

Komm her!

Knabe.

Tust du mir nichts?

Medea.

Glaubst? hättest du's verdient?

Knabe.

Einst warfst mich auf den Boden, weil dem Vater
Ich ähnlich bin, allein er liebt mich drum.
Ich bleib bei ihm und bei der guten Frau!

Medea.

Du sollst zu ihr, zu deiner guten Frau! –
Wie er ihm ähnlich sieht, ihm, dem Verräter
Wie er ihm ähnlich spricht. Geduld! Geduld!

Kleinere.

Mich schläfert.

Ältere.

Laß uns schlafen gehn 's ist spät.

Medea.

Ihr werdet schlafen noch euch zu Genügen.
Geht hin dort an die Stufen, lagert euch,
Indes ich mich berate mit mir selbst. –
– Wie er den Bruder sorgsam hingeleitet,
Das Oberkleid sich abzieht und dem Kleinen
Es warm umhüllend um die Schulter legt,
Und nun, die kleinen Arme dicht verschlungen,
Sich hinlegt neben ihm. – Schlimm war er nie! –
– O Kinder! Kinder!

Knabe *(sich emporrichtend)*.

Willst du etwas?

Medea.

Schlaf nur!
Was gäb' ich, könnt' ich schlafen so wie du.
(Der Knabe legt sich hin und schläft. Medea setzt sich gegenüber auf eine Ruhebank. Es ist nach und nach finster geworden.)
Die Nacht bricht ein, die Sterne steigen auf,
Mit mildem, sanftem Licht herunterscheinend;
Dieselben heute, die sie gestern waren
Als wäre alles heut, wie's gestern war;
Indes dazwischen doch so weite Kluft
Als zwischen Glück befestigt und Verderben:
So wandellos, sich gleich, ist die Natur
So wandelbar der Mensch und sein Geschick.

Wenn ich das Märchen meines Lebens mir erzähle,
Dünkt mir, ein andrer spräch', ich hörte zu,
Ihn unterbrechend: Freund, das kann nicht sein!
Dieselbe, der du Mordgedanken leihst,
Läßt du sie wandeln in dem Land der Väter,
Von ebendieser Sterne Schein beleuchtet,
So rein, so mild, so aller Schuld entblößt
Als nur ein Kind am Busen seiner Mutter?
Wo geht sie hin? Sie sucht des Armen Hütte,
Dem ihres Vaters Jagd die Saat zerstampft
Und bringt ihm Gold und tröstet den Betrübten.
Was sucht sie Waldespfade? Ei sie eilt
Dem Bruder nach, der ihrer harrt im Forst,
Und nun, gefunden, wie zwei Zwillingssterne
Durchziehn sie strahlend die gewohnte Bahn.
Ein andrer naht, die Stirn mit Gold gekrönt;
Es ist ihr Vater, ist des Landes König.
Er legt die Hand ihr auf, ihr und dem Bruder
Und segnet sie, nennt sie sein Heil und Glück.
Willkommen holde, freundliche Gestalten
Sucht ihr mich heim in meiner Einsamkeit?
Kommt näher laßt mich euch ins Antlitz sehn!
Du guter Bruder, lächelst du mir zu?

Wie bist du schön, du meiner Seele Glück.
Dein Vater zwar ist ernst, doch liebt er mich
Liebt seine gute Tochter! Gut? Ha gut!
(Aufspringend.)
's ist Lüge! Sie wird dich verraten Greis!
Hat dich verraten, dich und sich.
Du aber fluchtest ihr.
Ausgestoßen sollst du sein,
Wie das Tier der Wildnis, sagtest du,
Kein Freund sei dir, keine Stätte
Wo du hinlegest dein Haupt.
Er aber, um den du mich verrätst,
Er selber wird mein Rächer sein,
Wird dich verlassen, verstoßen
Töten dich.
Und sieh! Dein Wort ist erfüllt:
Ausgestoßen steh ich da,
Gemieden wie das Tier der Wildnis,
Verlassen von ihm, um den ich dich verließ,
Ohne Ruhstatt, leider *nicht* tot,
Mordgedanken im düstern Sinn.
Freust du dich der Rache?
Nahst du mir? – Kinder! Kinder!
(Hineilend und sie rüttelnd.)
Kinder hört ihr nicht? Steht auf.

Knabe *(aufwachend).*
Was willst du?

Medea *(zu ihnen hingeschmiegt).*
Schlingt die Arme um mich her!

Knabe.
Ich schlief so sanft!

Medea.
Wie könnt ihr schlafen? schlafen?
Glaubt ihr weil eure Mutter wacht bei euch?
In schlimmern Feindes Hand wart ihr noch nie!

Wie könnt ihr schlafen hier in meiner Nähe?
Geht da hinein, da drinnen mögt ihr ruhn!
(Die Kinder gehen in den Säulengang.)
So, sie sind fort! Nun ist mir wieder wohl! –

Und weil sie fort; was ist wohl besser drum?
Muß ich drum minder fliehn, noch heute fliehn?
Sie hier zurück bei meinen Feinden lassend?
Ist minder drum ihr Vater ein Verräter?
Hält minder Hochzeit drum die neue Braut?

Morgen wenn die Sonne aufgeht,
Steh ich schon allein,
Die Welt eine leere Wüste,
Ohne Kinder, ohne Gemahl
Auf blutig geritzten Füßen
Wandernd ins Elend. – Wohin?
Sie aber freuen sich hier und lachen mein!
Meine Kinder am Halse der Fremden
Mir entfremdet, auf ewig fern.
Duldest du das?
Ist's nicht schon zu spät?
Zu spät zum Verzeihn?
Hat sie nicht schon, Kreusa, das Kleid,
Und den Becher, den flammenden Becher?
– Horch! – Noch nicht! – Aber bald wird's erschallen
Von Jammergeschrei in der Königsburg.
Sie kommen, sie töten mich!
Schonen auch der Kleinen nicht.
Horch! jetzt rief's! – Helle zuckt empor!
Es ist geschehn!
Kein Rücktritt mehr!
Ganz sei es vollbracht! Fort!

(Gora stürzt aus dem Palaste.)

Gora.
O Greu'l! Entsetzen!

Medea *(ihr entgegen).*
Ist's geschehen?

Gora.
Weh! Kreusa tot! Flammend der Palast.

Medea.
Bist du dahin, weiße Braut?
Verlockst du mir noch meine Kinder?
Lockst du sie? lockst du sie?
Willst du sie haben auch dort?
Nicht dir, den Göttern send ich sie!

Gora.
Was hast du getan? Man kommt!

Medea.
Kommt man? Zu spät!
(Sie eilt in den Säulengang.)

Gora.
Weh mir! Noch in meines Alters Tagen
Mußt' ich unbewußt dienen, so schwarzem Werk!
Rache riet ich selbst; doch solche Rache!
Aber wo sind die Kinder? hier ließ ich sie!
Medea, wo bist du? Deine Kinder, wo?
(Eilt in den Säulengang.)

(Der Palast im Hintergrunde fängt an sich von einer innen aufsteigenden Flamme zu erleuchten.)

Jasons Stimme.
Kreusa! Kreusa!

König *(von innen).*
Meine Tochter!

Gora *(stürzt außer sich aus dem Säulengange heraus und fällt in der Mitte des Theaters auf die Knie, sich das Gesicht mit den Händen verhüllend).*
Was hab ich gesehn? – Entsetzen!

(Medea tritt aus dem Säulengange, in der Linken einen Dolch, mit der rechten, hocherhobenen Hand Stillschweigen gebietend.)

(Der Vorhang fällt.)

Fünfter Aufzug

Vorhof von Kreons Burg wie im vorigen Aufzuge. Die Wohnung des Königs im Hintergrunde ausgebrannt und noch rauchend. Mannigfach beschäftigtes Volk füllt den Schauplatz. Morgendämmerung.

Der König schleppt Gora aus dem Palaste. Mehrere Dienerinnen Kreusas hinter ihm her.

König.
Heraus mit dir! Du warst's, die meiner Tochter
Das Blutgeschenk gebracht, das sie verdarb!
O Tochter! O Kreusa, du mein Kind!
(Gegen die Dienerinnen.)
Die war's?

Gora.
Ich war's. Unbewußt
Trug ich den Tod in dein Haus.

König.
Unbewußt?
O glaube nicht, der Strafe zu entgehn!

Gora.
Meinst du, mich schrecket deine Strafe?
Ich hab gesehn mit diesen meinen Augen
Die Kinder liegen tot in ihrem Blut,
Erwürgt von der, die sie gebar,
Von der, die ich erzog, Medea,
Seitdem dünkt Scherz mir jeder andre Greu'l!

König.
Kreusa! Oh, mein Kind! Du Reine! Treue! –

Erbebte dir die Hand nicht, Ungeheuer?
Als du den Tod hintrugst in ihre Nähe.

Gora.
Um deine Tochter klag ich nicht. Ihr ward ihr Recht!
Was griff sie nach des Unglücks letzter Habe?
Ich klag um meine Kinder, meine Lieben,
Die ich gesehn, von Mutterhänden tot.
Ich wollt', ihr läget allesamt im Grab
Mit dem Verräter, der sich Jason nennt,
Ich aber wär' in Kolchis mit der Tochter
Und ihren Kindern; hätt' euch nie gesehn,
Nie eure Stadt, die Unheil trifft mit Recht.

König.
Du legst den Trotz wohl ab, wenn ich dich treffe!
Allein ist's auch gewiß, daß tot mein Kind?
So viele sagen's; keine hat's gesehn!
Kann man dem Feuer nicht entrinnen?
Wächst Flamme denn so schnell? Nur langsam,
Nur zögernd kriecht sie an den Sparren fort.
Wer weiß das nicht? Und dennoch wär' sie tot?
Stand erst so blühend, lebend vor mir da,
Und wär' nun tot? Ich kann's, ich darf's nicht glauben!
Die Augen wend ich unwillkürlich hin
Und immer glaub ich, jetzt und jetzt und jetzt
Muß sie sich zeigen, weiß in ihrer Schönheit
Herniedergleitend durch die schwarzen Trümmer.
Wer war dabei? Wer sah es? – Du? – So sprich!
Dreh nicht die Augen so im Kopf herum!
Mit Worten töte mich! – Ist sie dahin?

Magd.
Dahin!

König.
Du sahst's?

Magd.

Ich sah's. Sah wie die Flamme,
Hervor sich wälzend aus dem Goldgefäß,
Nach ihr –

König.

Genug! – Sie sah's! – Sie ist nicht mehr!
Kreusa! O mein Kind! O meine Tochter! –
Einst – noch als Kind – verbrannte sie die Hand
Am Opferherd und qualvoll schrie sie auf.
Hin stürz ich, fasse sie in meinen Arm
Die heißen Finger mit den Lippen hauchend.
Da lächelt sie, trotz ihren bittern Tränen
Und leise schluchzend spricht sie: 's ist nicht viel
Was tut der Schmerz? Nur brennen, *brennen* nicht!
Und nun – *(Zu Gora.)* Wenn ich das Schwert hier zwanzigmal
Dir stoß in deinen Leib – was ist's dagegen?
Und wenn ich sie, die Gräßliche! – Wo ist sie,
Die mir mein Kind geraubt?
ich schüttle dir
Die Antwort mit der Seel' aus deinem Mund
Wenn du mir nicht gestehst: wo ist sie hin?

Gora.

Ich weiß es nicht und mag es auch nicht wissen!
Geh' unbegleitet sie in ihr Verderben.
Was weilt ihr? Tötet mich! Ich mag nicht leben!

König.

Das findet sich; doch eher noch gestehst du!

Jason *(hinter der Szene).*

Wo ist sie? Gebt sie mir heraus! Medea
(mit dem bloßen Schwerte in der Hand auftretend)
Man sagt mir, sie ward eingeholt! Wo ist sie?
Du hier? Und wo ist deine Herrin?

Gora.

Fort!

Jason.
Hat sie die Kinder?

Gora.
Nein!

Jason.
So sind sie? –

Gora.
Tot!
Ja tot! du heuchelnder Verräter! – Tot!
Sie wollte sie vor deinem Anschaun retten,
Und da dir nichts zu heilig auf der Erde
Hat sie hinabgeflüchtet sie ins Grab.
Steh nur und starre nur den Boden an!
Du rufst es nicht herauf das liebe Paar.
Sie sind dahin und dessen freu ich mich!
Nein dessen nicht! – Doch daß du drob verzweifelst
Des freu ich mich! – Du heuchelnder Verräter,
Hast du sie nicht dahin gebracht? Und du,
Du falscher König, mit der Gleisnermiene? –
Habt ihr es nicht umstellt mit Jägernetzen
Des schändlichen Verrats, das edle Wild,
Bis ohne Ausweg, in Verzweiflungswut
Es, überspringend euer Garn, die Krone,
Des hohen Hauptes königlichen Schmuck
Mißbraucht zum Werkzeug ungewohnten Mords.
Ringt nur die Hände, ringt sie ob euch selbst!
(Zum König.)
Dein Kind, was sucht' es einer andern Bett?
(Zu Jason.)
Was stahlst du sie, hast du sie nicht geliebt?
Und liebtest du sie, was verstößt du sie?
Laßt andre, *mich* laßt ihre Tat verdammen
Euch beiden widerfuhr nur euer Recht.
Ihr spottet nun nicht mehr der Kolcherin. –
Ich mag nicht länger leben auf der Erde

Zwei Kinder tot, das dritte hassenswert.
Führt mich nur fort und, wollt ihr, tötet mich.
Auf etwas *Jenseits* hoff ich nun gewiß,
Hab ich gesehn doch, daß Vergeltung ist.

(Sie geht ab von einigen begleitet.)

(Pause.)

König.
Tat ich ihr Unrecht – bei den hohen Göttern
Ich hab es nicht gewollt! – Nun hin zu jenen Trümmern,
Daß wir die Reste suchen meines Kindes
Und sie bestatten in der Erde Schoß. *(Zu Jason.)*
Du aber geh, wohin dein Fuß dich trägt.
Befleckter Nähe, merk ich, ist gefährlich.
Hätt' ich dich nie gesehn, dich nie genommen
Mit Freundestreue in mein gastlich Haus.
Du hast die Tochter mir genommen! Geh
Daß du nicht auch der Klage Trost mir nimmst!

Jason.
Du stößt mich fort?

König.
Ich weise dich von mir.

Jason.
Was soll ich tun?

König.
Das wird ein Gott dir sagen!

Jason.
Wer leitet meinen Tritt? Wer unterstützt mich?
Mein Haupt ist wund, verletzt von Brandes Fall!
Wie, alles schweigt? Kein Führer, kein Geleitet?
Folgt niemand mir, dem einst so viele folgten?
Geht, Schatten meiner Kinder denn voran
Und leitet mich zum Grab, das meiner harrt.
(Er geht.)

König.
Nun auf, ans Werk! Dann Trauer ewiglich!
(Nach der andern Seite ab.)

Wilde, einsame Gegend von Wald und Felsen umschlossen, mit einer Hütte. Der Landmann auftretend.

Landmann.
Wie schön der Morgen aufsteigt. Güt'ge Götter!
Nach all den Stürmen dieser finstern Nacht
Hebt eure Sonne sich in neuer Schönheit.
(Er geht in die Hütte.)

(Jason kommt wankend, auf sein Schwert gestützt.)

Jason.
Ich kann nicht weiter! Weh! Mein Haupt – es brennt –
Es glüht das Blut – am Gaumen klebt die Zunge!
Ist niemand da? Soll ich allein verschmachten?
Hier ist die Hütte, die mir Obdach bot
Als ich, ein reicher Mann, ein reicher Vater
Hierherkam, neuerwachter Hoffnung voll!
(Anpochend.)
Nur einen Trunk! Nur einen Ort zum Sterben!

(Der Landmann kommt heraus.)

Landmann.
Wer pocht? – Wer bist du Armer? todesmatt?

Jason.
Nur Wasser! Einen Trunk! – Ich bin der Jason!
Des Wunder-Vlieses Held! Ein Fürst! Ein König!
Der Argonauten Führer Jason, ich!

Landmann.
Bist du der Jason? so heb dich von hinnen.
Beflecke nicht mein Haus, da du's betrittst.
Hast meines Königs Tochter du getötet
Nicht fordre Schutz vor seines Volkes Tür.
(Er geht hinein, die Türe schließend.)

Jason.
Er geht und läßt mich liegen hier am Weg!
Im Staub, getreten von des Wandrers Füßen!
Dich ruf ich: Tod, führ mich zu meinen Kindern!
(Er sinkt nieder.)

(Medea tritt hinter einem Felsenstück hervor und steht mit einemmal vor ihm, das Vlies wie einen Mantel um ihre Schultern tragend.)

Medea.
Jason!

Jason *(halb emporgerichtet).*
Wer ruft? – Ha! seh ich recht? Bist du's?
Entsetzliche! Du trittst noch vor mich hin?
Mein Schwert! Mein Schwert!
(Er will aufspringen, sinkt aber wieder zurück.)
O weh mir! Meine Glieder
Versagen mir den Dienst! – Gebrochen! – Hin!

Medea.
Laß ab! Du triffst mich nicht! Ich bin ein Opfer
Für eines andern Hand als für die deine!

Jason.
Wo hast du meine Kinder?

Medea.
Meine sind's!

Jason.
Wo hast du sie?

Medea.
Sie sind an einem Ort
Wo ihnen besser ist, als mir und dir.

Jason.
Tot sind sie, tot!

Medea.
Dir scheint der Tod das Schlimmste;

Ich kenn ein noch viel Ärgres: elend sein.
Hätt'st du das Leben höher nicht geachtet
Als es zu achten ist, uns wär' nun anders.
Drum tragen wir! Den Kindern ist's erspart!

Jason.
Das sagst du und stehst ruhig?

Medea.
Ruhig? Ruhig?
Wär' dir mein Busen nicht auch jetzt verschlossen,
Wie er dir's immer war, du sähst den Schmerz
Der endlos wallend wie ein brandend Meer
Die einzeln Trümmer meines Leids verschlingt
Und sie, verhüllt im Greuel der Verwüstung,
Mit sich wälzt in das Unermeßliche.
Nicht traur' ich, daß die Kinder nicht mehr sind
Ich traure, daß sie *waren* und daß *wir* sind.

Jason.
O weh mir, weh!

Medea.
Du trage, was dich trifft,
Denn wahrlich, unverdient trifft es dich nicht!
Wie du vor mir liegst auf der nackten Erde,
So lag ich auch in Kolchis einst vor dir,
Und bat um Schonung, doch du schontest nicht!
Mit blindem Frevel griffst du nach den Losen,
Ob ich dir zurief gleich: du greifst den Tod.
So habe denn was trotzend du gewollt:
Den Tod. Ich aber scheide jetzt von dir;
Auf immerdar. Es ist das letztemal
In alle Ewigkeit das letztemal
Daß ich zu dir nun rede mein Gemahl.
Leb wohl. Nach all den Freuden früherer Tage,
In all den Schmerzen, die uns jetzt umnachten,
Zu all dem Jammer, der noch künftig droht
Sag ich dir Lebewohl, mein Gatte.

Ein kummervolles Dasein bricht dir an,
Doch was auch kommen mag: Halt aus!
Und sei im Tragen stärker als im Handeln.
Willst du im Schmerz vergehn, so denk an mich
Und tröste dich an meinem größern Jammer,
Die ich getan, wo du nur unterlassen.
Ich geh hinweg, den ungeheuern Schmerz
Fort mit mir tragend in die weite Welt.
Ein Dolchstoß wäre Labsal, doch nicht so!
Medea soll nicht durch Medeen sterben,
Mein frühres Leben, eines bessern Richters
Macht es mich würdig, als Medea ist.
Nach Delphi geh ich. An des Gottes Altar
Von wo das Vlies einst Phryxus weggenommen
Häng ich, dem dunkeln Gott das Seine gebend,
Es auf, das selbst die Flamme nicht verletzt
Und das hervorging ganz und unversehrt
Aus der Korintherfürstin blut'gem Brande;
Dort stell ich mich den Priestern dar, sie fragend,
Ob sie mein Haupt zum Opfer nehmen an,
Ob sie mich senden in die ferne Wüste
In längerm Leben findend längre Qual.
Erkennst das Zeichen du, um das du rangst?
Das dir ein Ruhm war und ein Glück dir schien?
Was ist der Erde Glück? – Ein Schatten!
Was ist der Erde Ruhm? – Ein Traum!
Du Armer! der von Schatten du geträumt!
Der Traum ist aus, allein die Nacht noch nicht.
Ich scheide nun, leb wohl, mein Gatte!
Die wir zum Unglück uns gefunden,
Im Unglück scheiden wir. Leb wohl!

Jason.
Verwaist! Allein! O meine Kinder!

Medea.
Trage!

Jason.
Verloren!

Medea.
Dulde!

Jason.
Könnt' ich sterben!

Medea.
Büße!
Ich geh und niemals sieht dein Aug' mich wieder!

(Indem sie sich zum Fortgehen wendet fällt der Vorhang.)